Las más absurdas experiencias de una
EMPLEADA DE BANCA

Basado en hechos reales

V. Morales

Primera edición, agosto 2022

Copyright © V. Morales

TODOS LOS DERECHOS RESERVADOS
ALL RIGHTS RESERVED

Ilustración de portada: Julien Tromeur

EDITADO EN ESPAÑA
PUBLISHED IN SPAIN

No está permitida la reproducción total o parcial de este libro, ni su tratamiento informático, ni la transmisión de ninguna forma o por cualquier medio, ya sea electrónico, mecánico, por fotocopia, por registro u otros métodos, sin el permiso previo y por escrito del editor.

* **Contacto con la autora**

- E-mail: **lalocabanquera@gmail.com**
- Sígueme en Twitter para más diversión: **@lalocabanquera**

ISBN: 9798845976437

Este libro está dedicado a todos aquellos compañeros que me han ayudado en los malos momentos, ya que aunque ha habido risas, y muchas, en ciertas ocasiones se pasa muy mal en la oficina.

*"Un banco es un lugar
que te presta dinero
si puedes probar que
no lo necesitas".*

Bob Hope

*"Lo que no se puede evitar
hay que llevarlo con paciencia".*

Horacio

*"Algo malo debe tener el
trabajo porque si no, los
ricos lo habrían acaparado".*

Mario Moreno 'Cantinflas'

*"El trabajo es tan malo,
que pagan por hacerlo".*

Anónimo

Introducción

¡Bienvenidos!

Esta obra que tienes en tus manos en teoría es de humor, pero en realidad refleja la triste historia que cada día sufren los empleados de la banca española. Cuando terminé el instituto, mi sueño era estudiar una carrera que me permitiera trabajar en un banco. ¡En aquellos años era el puesto ideal y deseado por todos! Siempre había escuchado la frase que aseguraba que los empleados de la banca eran como funcionarios, pero con mejores sueldos. Además, salían a las tres y tenían toda la tarde para descansar, además de los fines de semana y un buen número de días de vacaciones. ¡Qué error! Entré en el sector dos años antes de una de las peores crisis que se han vivido en nuestro país.

Desde mi experiencia, ése fue el punto de inflexión, el declive de un trabajo que hasta ese momento era honroso y envidiado. Por desgracia, nadie me dijo nunca que para trabajar en la banca actual me hubiese sido mucho más útil estudiar Psicología que Empresariales. ¡Bendito alprazolam! A partir de esa primera crisis que menciono, comenzaron las malditas fusiones, los rescates, las campañas, los objetivos individuales y, cómo no, los temidos Expedientes de Regulación de Empleo (ERE). ¿Cuántos llevo ya? Lo cierto es que perdí la cuenta, ya que de momento me he ido librando, aunque para ello he tenido que ir saltando de una ciudad a otra. Mi madre siempre me decía que si estudiaba, llegaría lejos. ¡Qué razón tenía, pues estoy a 500 kilómetros de mi casa!

Y así, lentamente fue pasando un tiempo en el que he trabajado en cuatro entidades financieras distintas. En aquellos años, creímos que ya nada podía ser peor, pero de nuevo estábamos muy equivocados. ¡Llegó la digitalización! Ya no te llamaba tu jefe por teléfono o te enviaba un correo electrónico. Era el momento de las videoconferencias semanales o incluso diarias. Por si no teníamos bastante, ahora nos veíamos obligados a arreglarnos mucho más e incluso (tras pasar por caja para abonar su importe) mis compañeros tenían que ponerse la corbata corporativa, hasta en agosto. Por supuesto, para nosotras existe el correspondiente pañuelo, aunque creo que hemos plantado más cara que ellos en relación a esta cuestión, ya que apenas ninguna hemos adquirido la bonita prenda.

Si eres un empleado de banca, como yo, podrás imaginarte cómo sigue esta historia. Me refiero a todas las cosas negativas que han ido pasando con el tiempo. Pero como no todo ha sido malo, en esta obra quiero reflejar algunos de los mejores momentos que he vivido en primera persona en las oficinas por las que he ido pasando, que han sido más de diez, en diferentes ciudades y Comunidades Autónomas. Del mismo modo, también se incluyen vivencias de otros compañeros del sector, que las han compartido conmigo, al igual que yo ahora lo hago con vosotros.

Por ello, esta obra va dirigida a cualquier persona que desee pasar un buen rato, pero muy especialmente a los empleados de la banca, a los que considero superhéroes. Algunos piensan que somos los dueños del banco y que lo vamos a heredar, pero únicamente llegamos a ser simples empleados, obligados a cumplir órdenes.

En cuanto a las múltiples anécdotas que vas a encontrar en las próximas páginas, es tal su grado de surrealismo, que posiblemente llegues a pensar que son falsas. No obstante, te aseguro que todo es 100% real y que nada se ha inventado o exagerado. Mi único objetivo con ello es hacerte disfrutar con la lectura y que te olvides durante unos instantes de tu trabajo, sea cual sea. ¡Espero haberlo conseguido!

V. Morales

1. Vergüenza ajena

Recuerdo un día de mis comienzos en la banca, cuando apenas sabía utilizar el programa de la entidad. Por aquel entonces, aún tenía ese miedo de novata a tratar con el cliente y se me sienta delante un hombre de unos 50 años, entrado en carnes y de poco pelo. ¡Aún no trabajábamos por cita!

—¡Perdona, maja! —me suelta, y ya me temblaron las piernas—. ¡Vengo a poner una reclamación de la tarjeta por un cargo que yo no he hecho!

—Buenos días —respondí con mi mejor sonrisa—. ¿Me deja ver su DNI?

—Aquí tienes.

Para atender su petición, entré a mirar los movimientos de la tarjeta. ¡Sorpresa! Todos eran de una popular casa de citas de la ciudad.

—¿Cuál es el cargo que no ha efectuado usted? —le pregunté.

—Uno de 120 euros.

—Caballero, tiene cinco cargos iguales, de 120 euros.

—Ya, pero sólo hice cuatro —me respondió con una sonrisa picarona.

Teniendo en cuenta sus palabras, decidí que lo mejor era poner una reclamación por uno de los cargos…

Pasados unos días, me contestaron desde la central, indicándome que el cliente tenía que hacer un escrito sobre aquello que le habían cargado de más. Yo que ya me imaginaba lo que era, no sabía ni cómo llamarlo. Entonces me armé de valor y lo cité en la oficina, con el fin de que redactara el mencionado informe. Cuando el cliente llegó, lo primero que me dijo fue que si tenía que hacerlo con "pelos y señales". ¡Se me cayó el mundo encima mientras mi cara enrojecía por momentos! A pesar de todo, recuerdo que le dije que con "pelos" no, por favor. Para colmo, confirmó mis sospechas y me confesó que esa noche sólo había disfrutado de cuatro servicios con chicas, en vez de cinco.

La realidad es que no sé con cuántas estuvo, pero tras redactar el informe, finalmente la entidad le devolvió el dinero.

2. El cajero vicioso

Hace ya más de 10 años, en mi oficina había un compañero que era muy recatado y educado. Como ejemplo, nunca le habíamos escuchado decir ni una sola palabra malsonante. La cuestión es que se sentó con él un cliente y de repente le dijo:

—Vine ayer por la tarde y el cajero me la chupó.

La cara de todos los que en la oficina lo habíamos escuchado era un poema, pero nuestra sorpresa fue aún mayor cuando contra todo pronóstico, mi compañero le preguntó lo siguiente:

—¿A qué hora ocurrió eso? Así vengo yo esta tarde a la misma hora.

—Creo que me la chupó porque la mía era más gorda de lo normal —añadió el cliente sin cortarse un pelo y sin tener en cuenta lo que le había dicho mi compañero.

Cuando un rato más tarde todos paramos de reírnos, abrimos el cajero y descubrimos que había una libreta. Efectivamente, como indicaba su propietario, era más gruesa de lo normal porque estaba mal cosida. Acto seguido, le entregamos una nueva en perfectas condiciones y le aseguramos que a partir de ese momento, el cajero no se la chuparía más.

3. Un bebé precioso

Teníamos un cliente en la oficina que era tan apestoso, que todos pensábamos que tenía el síndrome de Diógenes. Era eso o que no se había duchado en años, aunque también es posible que se diesen ambas circunstancias juntas. Cada vez que lo veíamos llegar, echábamos a suerte quién debía atenderle. En una de esas ocasiones, tuve la mala fortuna de que me tocó a mí y además me vi obligada a realizar una gestión que duró más de media hora. ¡Ojalá hubiese llegado antes el coronavirus, ya que así habría tenido puesta mi mascarilla!

Pero lo peor de todo era ver a mis compañeros por detrás, riéndose de mí y enviándome mensajes internos. Entonces llegó un momento en el que no pude más y comencé a dar arcadas. El cliente, muy amable, me preguntó qué me ocurría. En ese momento, aunque me entraron ganas de pedirle que se diese un baño, se me ocurrió decir que estaba embarazada. Desde ese instante, cada vez que me lo encontraba se interesaba por mi embarazo. Por suerte, a las pocas semanas me trasladaron de oficina y no me vi obligada a darle más explicaciones.

4. Nuevo modelo de móvil

—¡Quiero dar de baja el teléfono! —me pidió una mujer mayor, con el monedero bajo el brazo.
—Señora, el teléfono tiene que darlo de baja en su compañía. Llame o vaya usted allí —le respondí.
—¡No, no, no…! Yo lo que quiero es que tú me lo devuelvas y que ya no me lo cobren más.
—¿Pero por qué desea darlo de baja?
—Porque mis hijos sólo me llaman al de mano —me dijo mientras me mostraba su teléfono móvil.
Finalmente, para poder dar respuesta a lo que me pedía, procedí a poner una orden de no cargo a la compañía.

5. El ojete

Este caso no me ocurrió a mí. Le pasó a una compañera mientras estaba yo en la oficina.
—¡Vengo porque me han metido el ojete! —exclamó el cliente sin mediar más palabra.
—¿El ojete? Señor, no le entiendo.
—¡Sí, sí! Que me han metido el ojete y quiero que me lo devuelvas —insistió.
—Pero, caballero… ¿el ojete qué es?

—Los que te ayudan en el trabajo —respondió, por lo que pudimos deducir que se trataba del recibo de UGT.

Desde ese momento, en la oficina dicho sindicato pasó a ser para nosotros el ojete.

6. La tutora

—Vengo a sacar dinero de la cuenta de mi padre, que está impotente y yo soy la tutora —dijo una clienta.

Entendemos que el padre estaría incapacitado, ya que los impotentes siempre han podido retirar dinero, tanto en los cajeros, como en ventanilla.

7. La primera anécdota que escuché

Esta experiencia me la contó un compañero que impartía un curso en la central. Se trataba de un matrimonio al que se le estaba tramitando un préstamo hipotecario. Para poder comenzar con el papeleo, les preguntaron en qué régimen estaban casados. Al oír aquello, la clienta se puso roja y comenzó a decir si eso era necesario contarlo. Evidentemente, mi compañero le comentó que sí. Por respuesta, la mujer señaló que el régimen habitual era de dos veces a la semana. No me puedo ni imaginar la cantidad de risas que se echaron en esa oficina a costa de la clienta.

8. ¿Bizum? ¿Eso qué es?

¿Y qué decir del maravilloso Bizum? ¿Cuántos nombres raros le habrán puesto a lo largo del tiempo? Desde el siempre recurrente Virtu o Bisón, pasando por el Zumba, o el más increíble de todos, el Surfing. Tanto es así, que al cliente que usa ese apelativo lo llamamos Surfing y él está tan encantado con su apodo, que cuando llama por teléfono a la oficina siempre se presenta como Surfing. ¡Es algo increíble!

9. Con todo el cariño

Le llega el turno a esos maravillosos regalos que hacen algunos clientes con sus propias manos. Tengo una funda de croché para los bolígrafos, una piedra pintada de varios colores que hace las funciones de sujetapapeles, un ramo de flores hecho con cartones de huevos y un frasco de colonia pintado a mano. Lo último, que espero con gran ilusión, es una funda de ganchillo que una clienta me ha asegurado que va a tejer para mi cartilla del banco. ¡Lo que no sabe la pobre es que yo nunca he tenido una libreta!

10. La era Covid

Desde mi punto de vista, los empleados de banca hemos sido el único colectivo al que nadie le ha dado las gracias por haber trabajado sin descanso durante la etapa del confinamiento.

Aún recuerdo el lunes 16 de marzo de 2020, el primer día de trabajo después de que se decretara en España el Estado de

Alarma. Por supuesto, tuvimos que trabajar y abrir las oficinas para que no se hundiera el país. Todos teníamos el miedo en el cuerpo y no contábamos con mascarillas, ni con geles, ni con ningún otro sistema de protección frente al temido virus, como las mamparas que llegarían más tarde y que han dejado constancia de todo lo que expulsamos por la boca al hablar.

Esa fatídica jornada laboral que comento, se presentó en la oficina una señora que rondaba los 80 años y me indicó que deseaba poner la libreta al día. Cuando la miré, llevaba sin actualizarla desde el año 2017. Simplemente le dije que si no sabía que estábamos en medio de una pandemia y que su vida corría peligro. Su respuesta fue que la disculpara, pero quería salir a la calle y el banco era uno de los pocos lugares a los que se le permitía ir. Finalmente, se fue con la libreta sin poner al día. ¡Madre mía, lo que nos quedaba todavía por delante…!

11. El carro de la compra

Esta historia no la viví yo en primera persona. Me la contó un familiar que también trabaja en la banca. Quizás, se trate de la culpable de que yo quisiera entrar en este sector, ya que siempre quise seguir sus pasos. Pero no penséis que entré por enchufe en mi primer banco, ya que no trabajábamos en la misma entidad.

Volviendo al tema, ella era la interventora de su oficina y un día se le acercó una compañera para indicarle que había una señora, con un carro de la compra, que deseaba hablar con el director de la sucursal, debido a que tenía el carrito lleno de dinero para ingresar en su cuenta. Como en ese momento no estaba el director en la oficina, pasaron a la clienta con mi familiar. Para su sorpresa, la mujer comenzó a explicarle que el carro estaba lleno de dinero hasta arriba. Lo había ido ahorrando en su casa y finalmente decidió que era la hora de llevarlo al banco. A partir de ese momento, ante el asombro de todos en la sucursal, la señora comenzó a sacar fajo tras fajo de billetes de 50 euros. El dinero se apilaba poco a poco sobre la mesa y es que, tal y como aseguraba la mujer, traía muchísimo efectivo.

A pesar de todo, la sorpresa aún no había acabado, ya que cuando llegó a la parte inferior del carro, los fajos de 50 euros se transformaron en otros aún más asombrosos, ya que eran de billetes de 5000 pesetas. Entonces todo se complicó mucho más, debido a que en esa época ya no se podía hacer ingresos en pesetas; había que cambiarlos en el Banco de España.

Como os podéis imaginar, todos en la oficina estaban más que perplejos, así que le ingresaron los euros en su cuenta y decidieron acompañarla a su casa con el resto del dinero en pesetas, ya que la cantidad era considerable. De este modo, tras indagar y preguntar a la señora, al final consiguieron localizar a uno de sus hijos, porque ya sabéis que a veces hacemos también de detectives. Gracias a ello, le contaron lo que había pasado, y el hijo les respondió que la señora estaba mayor y había perdido un poco la cabeza. A los pocos días, la mujer regresó al banco con su hijo y con el dinero ya cambiado, que también fue ingresado en su cuenta. Si tenéis curiosidad por saber cuál era la cantidad exacta que la mujer transportaba en su carrito, la suma de los dos tipos de moneda superaba los 11 millones de las antiguas pesetas.

12. Placer en Italia

Estando un día en la oficina, llega de repente una clienta muy tímida y nos pregunta a los compañeros si estamos solos, ya que nos quería hablar de una cosa. Cuando le dijimos que sí, nos contó lo siguiente, sintiéndose realmente orgullosa:

—Mi hija está de orgasmo en Italia y ha sacado un 8.

Como no podía ser de otro modo, todos empezamos a reírnos, tratando de contenernos para no ofender a la pobre mujer. Pero ocultar la risa contagiosa que se extendió entre los compañeros resultaba del todo imposible, motivo por el que la señora nos preguntó por qué nos reíamos tanto. Ella no entendía nada de lo que estaba pasando, así que con todo el tacto posible, ya que además sabíamos que la mujer era muy religiosa, le explicamos lo que era un orgasmo. La pobre se puso a llorar de la vergüenza, ya que nos contó que la noche anterior estuvo en una cena con sus consuegros y les dijo que su hija había sacado un 8 en un orgasmo. ¡Diablos, señorita! ¿Qué pensarían los consuegros de la nueva nuera que iban a tener? En vez de estar estudiando de Erasmus, estaba de viaje de placer, nunca mejor dicho.

13. El mejor presente

Me encanta cuando viene un cliente y me suelta alguna frase de este tipo, que nunca dejan de asombrarme:

—Perdona, maja… ¿Ha venido ya este mes la paga de regalo?

Para ser sincera, antes me sorprendía más y muchas veces no sabía qué responder, pero después de tantos años en la entidad, ya sé por dónde van los tiros. Evidentemente, se estaba refiriendo a la paga extra de los jubilados. ¡Ya quisiera yo un regalo así!

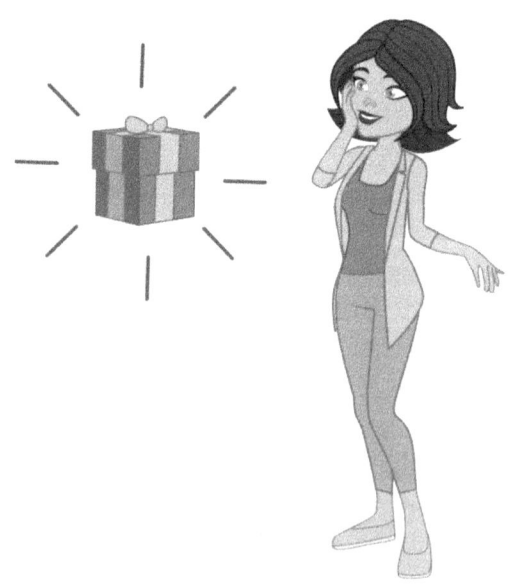

14. El contrato de Messi

Como si fuera el primer contrato que Lionel Messi firmó con el Fútbol Club Barcelona, en una ocasión un cliente me trajo una servilleta de bar, manchada de aceite. En ella estaba apuntado su nombre y su número de identificación. En el papel se indicaba además que le dijéramos al cliente cuánto iba a cobrar de pensión, ya que él no sabía hablar nuestro idioma. A cuadros me quedé al ver aquello, pero al menos pude dar respuesta a lo que necesitaba, aunque el sistema de mensajería usado resultase muy poco ortodoxo.

15. Un color muy bonito

Aquí viene otro ejemplo de una frase mítica que he escuchado en más de una ocasión. La primera vez me dejó pasmada, pero a estas alturas de la película, ya estoy curada de espanto.

—Buenos días, vengo para ver si me puedes sacar el recibo de este mes del Banco Celeste.

—¿¿¿Ein???

Por fortuna, ya sé que me están hablando del Banco Cetelem, por lo que no se me pone cara de idiota y tampoco tengo que preguntar a los clientes a qué se refieren, ya que con sus respuestas, normalmente poco agradables, me trataban como si fuese tonta.

16. ¿Artrosis?

Recuerdo una sucursal en la que teníamos una clienta realmente pesada. Era de esas que empieza a contarte toda su vida, mientras a su espalda hay una cola de veinte personas, con caras de pocos amigos, que desearían estrangularla. Pues bien, en una de esas ocasiones en las que numerosos clientes fantaseaban con lincharla, me explicó que no podían ponerle la artrosis en la rodilla. ¡Pues qué bien! ¡Todo el mundo deseando librarse de la artrosis y ella se quejaba de que no podían ponérsela! Por descontado, se estaba refiriendo a una prótesis.

17. Videntes

—¿Me puedes dar un extractor? —Ante mi cara de estupefacción, eso fue lo que me pidió un cliente. No, no estaba haciendo obras en su cocina y por supuesto no buscaba un extractor que sacase los humos. Sencillamente, se refería a un movimiento de la cuenta. ¿Quién dice que para trabajar en la banca no hay que ser adivinos? Yo ya me he comprado hasta mi bola de cristal.

18. Un muerto muy vivo

Cuando trabajaba en otra entidad, hace ya algunos años, se sentó en mi mesa una clienta a la que le habíamos concedido un préstamo, motivo por el que también le hicimos el correspondiente seguro de vida. En relación a todo ello, vino a verme para preguntarme si cuando terminase al fin de pagar su préstamo, en el caso de no haber fallecido, si le podíamos devolver todas las cuotas que hubiese pagado de dicho seguro. Según me explicaba, muy convencida de sus palabras, tenía derecho a ello, ya que como en ese supuesto no había perdido la vida, no había disfrutado de los beneficios que aportaba el seguro en caso de defunción.

Recuerdo que me costó sangre, sudor y lágrimas explicarle a la señora las implicaciones de la póliza y por qué lo que ella solicitaba no era posible. Al final creo que no se fue muy satisfecha, pero yo no pude hacer más por ella en una situación tan insólita como aquella que me tocó vivir. ¿Os ha pasado a vosotros algo parecido?

19. Protección reforzada

Relacionado con el caso anterior, en una ocasión tuve una clienta que en una campaña contrató un seguro de decesos a prima única. Por este motivo, le expliqué que debía dar de baja la cuota que pagaba mensualmente a otra compañía por un seguro con una cobertura similar en caso de fallecimiento. Por respuesta, la buena mujer me dijo que también lo seguiría pagando, ya que así tendría dos seguros cuando falleciera. Aún no sé si cuando le llegue la hora, la enterrarán dos veces con el fin de sacarle provecho a sus dos seguros de vida.

20. El supermercado

Algo realmente surrealista me ocurrió una vez cuando se sentó conmigo un cliente que abrió su cartera, sacó su tarjeta de puntos del Carrefour, me la entregó y me pidió que le dijera el número pin porque no lo recordaba. ¿Puede haber algo más extraño? Ya os imagináis la cara que se me quedó, la misma que una vez se le debió de poner a una empleada de Burger King a la que, sin darme cuenta, le pedí un menú Big Mac. ¡Ole ahí!

21. El presidente

Esta anécdota es muy reciente y me dejó con los ojos como platos. La cuestión es que me llegó un cliente muy enfadado, exigiendo ver al presidente del banco para poder hacerle una reclamación en persona. Como no podía ser de otro modo, le expliqué que el presidente de la entidad no estaba en la oficina, a lo que el cliente respondió con la siguiente frase:

—¿Cómo me puedes decir que no está aquí si lo estoy viendo a través del cristal?

Entonces caí en la cuenta de lo tonta que había sido, ya que por supuesto se estaba refiriendo al director de la sucursal. ¡Alegría!

22. Comida basura

Un cliente, que se divorció de su mujer después de muchos años de matrimonio, se acercó hasta la oficina con el fin de ordenar una transferencia periódica, con la cantidad que debía pasar cada mes a sus hijos. Lo insólito de esta anécdota es que nos indicó muy seriamente que en el concepto pusiéramos la palabra malnutrición.

No sabemos si se trataba de una confusión del hombre o si iba con segundas hacia su ex, ya que la cantidad no resultaba muy elevada. Tal vez era una forma de restregarle por la cara lo poco que le había sacado en el divorcio, aunque en teoría debía de ser para sus hijos. Sacad vuestras propias conclusiones…

23. La paguita

—Buenos días —me dice un cliente muy sonriente—. Vengo a por la prestación del banco.

—¿La prestación? ¡Disculpe, pero no sé a qué se refiere! —le respondí con la mayor dignidad posible.

—¡Sí, sí, la prestación! —insistió—. Me he enterado de que ahora los bancos dan prestaciones y quería saber qué requisitos tengo que cumplir para que me den una paga.

—Lo lamento, pero creo que está equivocado. Eso no es posible…

Tras un buen rato explicándole al cliente que no podíamos darle la paga que exigía, y ante su enfado en aumento, finalmente tuvo que intervenir hasta el director de la sucursal. Con muy buenas formas, le dijo que debía de haber oído mal la información y que probara con un banco de la competencia, ya que seguramente allí se la darían. ¿Sería verdad y conseguiría al fin la deseada prestación?

24. No todo el monte es orégano

En estas fechas, yo trabajaba en una entidad que salió a Bolsa (supongo que ya os podréis imaginar de cuál se trataba). Debido a todo lo que ocurrió después con este proceso fallido, posteriormente, el banco devolvió el dinero de las acciones a todos los clientes que las habían adquirido el día de su salida. Es por eso que me llamó una clienta para preguntarme qué tenía que hacer para que le devolvieran dicho importe.

Como yo era muy consciente de que ella no había comprado ninguna de las acciones del banco, le respondí precisamente eso. Entonces me dijo algo que no esperaba, ya que me indicó que lo sabía, pero que en el telediario habían dicho que le estaban devolviendo las acciones a todo el mundo y pensaba que ella, como clienta de la entidad, también podía estar incluida y recibir algo. Como pude, tuve que explicarle la situación y finalmente no insistió más, así que supongo que se quedó más o menos conforme con mi respuesta.

25. Identificación errónea

Tras sufrir uno de los cambios de oficina que he tenido a lo largo de mi carrera, recibí a un cliente que me preguntó si para sacar dinero a través del cajero automático tenía también que introducir el DNI con el fin de identificarse.

Aunque en esa ocasión no me sorprendió tal cuestión, estoy convencida de que se trata de una duda que debe de tener muchísima gente, ya que a lo largo de los años, he encontrado un total de tres DNI distintos en las ranuras que tienen los cajeros, destinadas a las tarjetas.

26. No le he entendido. ¡Repita!

En cierta ocasión, tuvimos una clienta que nos pidió que le enseñáramos a sacar dinero del cajero automático, ya que no sabía cómo hacerlo. Por ello, una compañera fue con ella para mostrarle todo el proceso. De este modo, le explicó cómo y dónde debía introducir la tarjeta, cómo marcar el pin y le indicó que, acto seguido, tenía que decirle al cajero la cantidad que deseaba retirar. Nuestra sorpresa llegó en ese momento cuando, debido a que estaba un poco sorda, la mujer empezó a hablarle a gritos al cajero automático, repitiendo una y otra vez lo siguiente:

—¡Quiero 100 euros! ¡Quiero 100 euros!

Como os podéis imaginar, la cara de mi compañera, mientras todos en la oficina nos reíamos a carcajadas, era un auténtico poema.

27. ¿Por qué me odia mi propio hijo?

—Buenos días. Vengo a ver si puede ayudarme —me dice un cliente, mostrándome el teléfono móvil que sostiene en una mano.

—Dígame qué desea —le respondo.

—Verá, es que yo no entiendo de bancos y mi hijo me ha enviado un odio para explicarte lo que quiero que me des. Aquí lo tienes. Te lo voy a poner para que puedas escucharlo, porque yo no me aclaro.

Acto seguido, pulsó el 'Play' de un audio de Whatsapp en el que, efectivamente, el hijo del cliente se presentaba y me explicaba todo lo que necesitaba su padre.

28. El prototipo

—Hola, señorita —me saludó un cliente en otra ocasión, mostrando una gran sonrisa—. Vengo a pedirle un prototipo de interés para un plazo fijo.

Aquí no tuve muchas dudas de lo que realmente quería, pero eso no evitó que me hiciera gracia. Por supuesto, en realidad se refería a un extratipo.

29. ¡Pues vaya!

Algo similar a esto me ha ocurrido en numerosas ocasiones, pero recuerdo especialmente a una clienta como si fuera ayer.

—Mira, bonita… ¿Qué me regaláis si me traigo la pensión a tu banco, una televisión o un teléfono?

—Lo lamento, señora, pero esas cosas ocurrían hace muchos años —le expliqué—. Ahora ya no regalamos nada.

—¡Pues vaya! —exclamó con muy malos modos—. Entonces no me la traigo y la dejo donde está. Si no me vais a dar nada, pues no hago nada y santas pascuas.

30. Una cuota muy reducida

Un buen día, se sentó conmigo un nuevo cliente, al que era la primera vez que veía por la oficina. Para mi sorpresa, me pidió lo siguiente:

—Vengo a pedir un préstamo de 12.000 euros, pero quiero que las cuotas no superen los 30 euros mensuales.

Cuando le hice el estudio oportuno y le informé de que la cuota, a pagar durante 72 meses, sería de unos 200 euros, por poco me mata. Lo mejor que hizo fue marcharse de la sucursal, aunque mientras lo hacía no paró de insultar, ni de decir que los malditos bancos no ayudábamos a la gente. ¿Qué culpa tendría yo para tener que soportar todo lo que salió de su boca?

31. La hipoteca que se paga sola

En una sucursal enorme en la que estuve trabajando, me llegó un cliente que solicitó una hipoteca de 80.000 euros. Debido a que aparentaba ser una persona demasiado mayor, comprobé su edad y resultó que tenía 72 años. Teniendo en cuenta ese dato, le expliqué que a alguien de su edad la entidad no le podía conceder la hipoteca que solicitaba. Entonces me respondió lo impensable, algo que me dejó completamente descolocada:

—Claro que el banco puede dármela —me dijo, totalmente convencido de sus palabras—, ya que también voy a hacerme un seguro de vida. De ese modo, si me muero, todo quedará pagado por el seguro y asunto arreglado.

Cuando le comenté que en un caso como el que él defendía, la entidad aseguradora no iba a aceptar sus condiciones, debido a su avanzada edad, explotó de ira y la pagó conmigo, como siempre ocurre:

—¡Ahora que he encontrado una casa que me permitiría dejar de vivir de alquiler, me vais a fastidiar la jubilación!

32. Adivinos

Aquí tenemos otro ejemplo que justifica que para trabajar en un banco, de cara al público, hay que tener dotes sensitivas y de clarividente, además de una buena baraja de cartas del tarot que nos ayude a descubrir lo que realmente quieren los clientes.

—¿Cuánto dinero queda en el cajero? —me pregunta un hombre de buenas a primeras, sorprendiéndome.

—Perdone... ¿A qué se refiere? —respondí amablemente.

—¡Sí! Quiero saber cuánto queda en el cajero. Míralo ahí en el ordenador y me lo dices.

Con la cara desencajada y los ojos abiertos como platos, vuelvo a insistirle y ante mis palabras, el señor se va enfadando cada vez más. Finalmente, tras muchos dimes y diretes, y después de escuchar mil frases sin sentido, adiviné que el cliente lo que deseaba era saber cuánto dinero tenía en su cuenta.

33. Premio televisivo

—Vengo por una oferta de 1000 euros que he visto en la tele —me dijo una vez un cliente, lo que me dejó totalmente atónita, sin palabras.

—¿Y la ha visto en televisión? —pregunté al fin, cuando me recompuse.

—Sale en un anuncio, que dice que el banco te da 1000 euros por abrir una cuenta —insistió, convencido de sus palabras.

Tras mucho debatir, tras pedir la ayuda de mis compañeros y del director de la oficina, a día de hoy seguimos sin saber a qué se refería aquel cliente que quería sus 1000 euros.

34. Una libreta de una página

—Buenos días, vengo porque quiero una libreta pequeña que me entre en la cartera. La que tenía antes la he perdido y como necesito solicitar otra, prefiero la pequeña.

Mi cara de estupefacción debió de ser todo un poema, mientras mi cerebro trataba de procesar aquella información de la forma más rápida posible. De nuevo, las dotes de adivino resultaron más que útiles, ya que el cliente se refería a una tarjeta, en vez de a una libreta de menor tamaño, como él aseguraba.

35. Club nocturno

Hace tiempo, teníamos un cliente, del cual era bien sabido por todos en la oficina que le gustaba ir a sitios de lucecitas, con el fin de relajarse por las noches después de su dura jornada laboral. ¿Trabajaría en un banco? La cuestión es que ese día, cuando llegamos por la mañana, vimos que habíamos recibido el típico correo que avisa de que una tarjeta se ha usado varias veces en un mismo cajero a lo largo de la noche. Por ello, debíamos contactar con el cliente para verificar que había sido él quien realizó todos aquellos movimientos, correspondientes a retiradas de dinero en efectivo. Para ello, antes de llamarlo, buscamos en Google la ubicación del cajero y efectivamente pudimos comprobar que se encontraba justo al lado de una de las casas de citas más populares de la ciudad. El problema era que la tarjeta usada durante esa noche pertenecía en realidad a su mujer, y no al propio cliente, por lo que debíamos llamarla a ella.

—¿Cómo vamos a hacer eso? —repetía mi jefe de aquel entonces una y otra vez, indeciso—. ¡Romperemos un matrimonio! ¿Qué hacemos?

El debate continuó un buen rato, ya que estábamos obligados a llamar a la clienta, pero él decía que no. Y así, tras mucho discutir el asunto, finalmente me tocó a mí contactar con la buena mujer. Pero la sorpresa me la llevé yo, ya que cuando hablé con ella y le expliqué la situación, me respondió que estuviera tranquila y que me pasaba a su marido, el cual se encontraba a su lado, pues ya sabía de sobra para lo que estaba llamando.

36. La cuenta de la vieja

La popular expresión cobra todo el sentido en esta anécdota que os voy a contar, la cual me dejó anonadada, pues nunca había visto a nadie calcular así su edad.

—¿Usted cuántos años tiene? —le pregunté en una ocasión a una clienta que quería contratar un seguro.

—Espera un momento, que siempre me lío. A ver… Yo tengo 20, 20, 20 y 13 años. ¿Cuántos son?

—Supongo que 73.

—¡Sí, ésos tengo!

37. La Ruta 66

Un buen día, se sienta en mi mesa un cliente de 86 años y me dice que desea solicitar un préstamo para hacer un viaje. Debido a su avanzada edad, lo primero que pensé fue en darle aunque fuera una tarjeta de crédito de 300 euros para que pudiera ir a su pueblo, que era lo que yo creía que iba a hacer. ¡Qué equivocada estaba! Deberíais de haber visto mi cara de sorpresa cuando me explicó que lo que quería eran al menos 5000 euros, ya que los necesitaba para recorrer la mítica Ruta 66 de los Estados Unidos de América.

38. El testamento fallido

Recuerdo que en una ocasión, hace ya bastantes años, llegó una clienta que me explicó cuál era su deseo cuando ella faltase:

—El día que yo ya no esté, quiero que todo el dinero que hay en mi cuenta sea para mi hijo —me confesó.

—Para eso, tiene que ir a un notario y hacer un testamento —le respondí. Para mi sorpresa, sus intenciones eran muy diferentes.

—No, eso es muy complicado —me aseguró—. Como ya te lo estoy diciendo a ti, hazlo tú misma. Escribe ahí en mi cuenta una nota que indique que el dinero será para mi hijo y si quieres te lo firmo para que quede reflejado que es mi voluntad.

Después de mil explicaciones en las que yo trataba de hacerle entender que algo así no sería válido, parece que finalmente comprendió que debía ir a un notario, aunque no sé si lo haría. Tal vez dejó un folio en su casa con todo escrito de su puño y letra, con la correspondiente firma. Así nadie pondría en duda que aquello era su última voluntad. ¡Razón no le faltaba a la buena mujer!

39. ¿Ahora vendemos periódicos?

—¿Tenéis diarios? —me preguntó una clienta.

Tal vez pensaréis que estaba interesada en escribir lo que le ocurría cada día, o que se refería a una agenda o que incluso quería saber si ahora en el banco vendíamos periódicos, o si teníamos el del día anterior para dárselo. Nada más lejos de la realidad. Tras preguntarle qué era lo que estaba buscando, e insistirle con mi interrogatorio, descubrí que lo que realmente deseaba era un calendario. Pero lo mejor no es eso, sino lo que me explicó a continuación:

—Es que cada año enmarco el que me dais y lo cuelgo en mi casa como si fuera un cuadro.

¿Un cuadro? Así se me quedó la cara a mí, a cuadros.

40. Nino Bravo

Y ya que estamos hablando de calendarios... Una vez se presentó ante mí una clienta que era bastante pesada y me dijo que si yo podía escribir una nota al banco, en la que propusiera si en el calendario del próximo año, en ese que cada mes aparece una fotografía, se podría incluir a cantantes como Rafael, Camilo Sesto o Nino Bravo... «¡Claro, señora, lo que usted quiera! ¡Faltaría más! —pensé, llena de frustración—. Ahora mismo redacto un informe y lo envío a la central».

41. El apretón

Esta anécdota es maravillosa y al recordarla siempre me río a carcajadas, aunque en aquellos momentos no me hizo ninguna gracia. Hace muchos años, mientras estábamos trabajando en la oficina, vimos de repente cómo un hombre entraba corriendo a la zona del cajero, se bajaba los pantalones y empezaba a lanzar una espesa diarrea, que salía disparada como si de una manguera se tratase y chorreaba por toda la pared. ¡Sé que no vais a creerme, pero os juro que es totalmente cierto! Acto seguido, ante nuestro estupor, se volvió a subir los pantalones sin siquiera limpiarse y se marchó corriendo, como alma que lleva el diablo. Recuerdo que en la oficina no salíamos de nuestro asombro y aquello era realmente asqueroso, pues había dejado el cajero peor que el palo de un gallinero.

Suponemos que a aquel hombre le dio un apretón tan fuerte y repentino, que no encontró más solución que aliviarse allí mismo. Además, por si todo lo que os he contado fuera poco, dio la casualidad de que tan vomitivo suceso ocurrió un viernes a las 14:00 horas, así que allí se quedó todo aquello hasta que el lunes vino la limpiadora. ¡Ya os podéis imaginar lo que se encontró la señora, y sobre todo la gracia que le hizo aquel regalo! Ese mismo lunes, mientras nos reíamos rememorando la faena, pudimos comprobar que a lo largo del fin de semana no se había realizado ni un solo movimiento en el cajero. ¡Y eso que aquello era un verdadero espectáculo!

42. Un cajero multiusos

En ese mismo cajero, en aquella época en la que los empleados aún podíamos ver las cintas de seguridad que se grababan y que se cambiaban a diario, una vez descubrimos una escena muy subida de tono, en la que había una pareja en actitud más que cariñosa. ¡Para ser sinceros, lo cierto es que lo estaban dando todo! Él aparecía en la grabación con los pantalones bajados hasta los tobillos, mientras que ella tenía la falda levantada y las manos apoyadas contra el cajero. Y así, se entregaban a la pasión sin darse cuenta de que estaban siendo grabados. Aunque más bien, pensamos que no les importaba lo más mínimo, ya que en el vídeo se veía también cómo otras personas pasaban por la calle, sin que ellos les prestasen la más mínima atención. ¡Ésa sí que fue una buena fiesta y no la del inesperado apretón que lo dejó todo hecho un estercolero!

43. ¡Magia!

Esto no lo he vivido yo en persona. Por el contrario, me lo contó un conocido y sucedió hace muchos años, cuando los cajeros funcionaban de forma distinta. La cuestión es que al cargarlo de dinero, se equivocaron en el orden de los cajetines que contenían los diferentes billetes. Como resultado, cuando alguien sacaba un billete de 50 euros, el cajero le daba uno de 20 y viceversa. Eso pasó a lo largo de un fin de semana, de modo que en el transcurso alguien llamó a atención al cliente para quejarse y deshabilitaron el cajero. Pero hasta entonces se habían producido numerosos movimientos. Por eso estuvieron tres días enteros tratando de localizar a todos los afectados, con el fin de devolverles dinero a unos y cargarles en cuenta el importe correspondiente a otros.

44. Por nuestra culpa…

En cierta ocasión, llega un cliente muy enfadado a la oficina, dando gritos. Según manifestaba, su tarjeta era rechazada sistemáticamente en todas las tiendas en las que trataba de comprar algo, y por nuestra culpa, había tenido que pasar una vergüenza horrible, no sólo en una, sino en varias ocasiones.

Cuando accedimos a sus datos y vimos lo que ocurría, resultaba que no tenía dinero en la cuenta desde hacía tiempo. Entonces, viéndose acorralado y tratando de defenderse, nos dijo que pensaba que se trataba de una tarjeta de crédito y que por ello podría comprar con ella. ¡Lo que hay que aguantar!

45. ¡Al presidente!

Un día en el que todo era un auténtico caos en la oficina, de esos en los que hubiese sido mejor no levantarse de la cama, se formó tal cola en la caja, que la gente empezó a protestar. Pero el colmo del asunto lo protagonizó una clienta, cuando comenzó a gritarnos lo siguiente, realmente enfadada:

—¡La semana que viene tengo que viajar a Madrid! —decía—. ¡Así que voy a aprovechar para meteros un paquete con el presidente, en la central, por el mal trato recibido y por estas colas!

Lo primero que pensé fue que yo nunca había visto en persona al presidente de la entidad, pero seguro que a ella la recibiría con los brazos abiertos, especialmente con el fin de tramitarle una queja. ¿Llegaría a presentarse esa mujer en la central y pediría ver al presidente del banco?

46. Salido de Hogwarts

—Buenos días, señorita. Vengo porque a mi libreta se le ha roto la banda mágica.

Quería decir magnética, por supuesto, pero en ese momento pensé que se creía Harry Potter y que estaba teniendo problemas con su cuaderno, ese donde apuntaba todo lo relacionado con los más poderosos hechizos y pociones. ¡Desde luego se le parecía! ¡Le faltaba la varita! Y la escoba…

Finalmente, le di una libreta y el cliente se fue tan contento, supongo que a coger el Expreso de Hogwarts para que lo llevase de regreso a la popular escuela de magia.

47. Enganchado a Badoo

Recuerdo ahora a un cliente que aseguraba tener unos cargos en su cuenta que él no había hecho y quería que se le devolvieran. Después de acceder al sistema y comprobarlo todo, pude ver que se trataba de cargos de Badoo, la popular web de citas.

—Perdone... ¿Usted ha entrado alguna vez y se ha registrado en Badoo? —le pregunté, aunque ya sabía la respuesta.

—Sí, claro, pero yo sólo he creado un perfil y no quería pagar nada. ¿Qué es lo que ocurre? Mejor toma mi teléfono y arréglalo tú, porque yo he tenido que hacer algo mal y creo que no lo entiendo demasiado bien.

Y así, me soltó el móvil encima de la mesa. Tratando de ser servicial y de ayudarle, entré en la aplicación y pude comprobar que tenía miles de 'Me gusta' que él había dado a un sinfín de mujeres. Todo ello sin tener en cuenta las numerosas conversaciones que había mantenido y que suponían un coste.

—Bueno, sí, es verdad que hablo —me confesó finalmente—, pero es imposible que pueda llevar gastados los más de 500 euros que me han cargado en la cuenta. ¿Tan caro es?

—Lo siento, pero no me sé sus tarifas —le respondí con la mejor cara que pude mostrar.

—Pues entonces a ver si tú eres capaz de modificar de algún modo mi cartilla para que no aparezca que son cobros de Badoo, porque si mi mujer se entera, me va a matar. Mira a ver si puedes ayudarme, que eres muy maja.

¡La madre del cordero! Al final, no sé si su esposa lo descubrió o no, pero los 500 euros por supuesto tuvo que pagarlos.

48. Que la Fuerza te acompañe

El título con el que comienzo esta experiencia es precisamente lo que debí responderle a una clienta cuando se sentó en mi mesa y me preguntó lo siguiente:

—¿Está Yoda en mi cartilla?

Sin saber bien qué decir ante tal cuestión, le expliqué que yo era fan de Star Wars, pero que nunca lo había visto por la oficina. Para mi asombro, la clienta no sabía ni a qué me refería. Entonces de nuevo, como en muchas tantas ocasiones, me tocó hacer de detective, preguntando e indagando hasta que pude descubrir lo que realmente quería.

Aunque suene surrealista, su consulta se refería a una ayuda que le facilitaba el ayuntamiento y necesitaba saber si se la habían ingresado ya. "Imposible nada es. Difícil, muchas cosas son, joven padawan".

49. Oktoberfest

Y qué decir de ese cliente que llega y me explica que él está cobrando una pensión de cuando trabajaba en Alemania. Entonces va y saca una carta, por supuesto escrita en alemán, para que yo le traduzca lo que pone sobre dicho pago y saber así cuánto se lo van a subir. Y eso me lo pide a mí, que la única palabra que conozco en alemán es Oktoberfest debido al famoso festival de la cerveza.

Cuando le explico que lamentándolo mucho no puedo ayudarle porque no conozco el idioma, su reacción me deja completamente desbaratada, ya que me dijo lo siguiente:

—Si no sabes leerlo... ¿podrías entonces llamar por teléfono a la Seguridad Social alemana para enterarte y que te lo expliquen?

¡Pero por el amor de Dios! Si no soy capaz ni de leer una carta en alemán, cómo diablos me voy a enterar de algo hablando por teléfono... ¿Y a qué número llamo? ¿Qué digo? Está claro que en nuestra profesión, el sueldo nos lo ganamos con creces.

50. ¡Con lo bien que me venían!

En una época de mucho estrés, de esas que siempre son clave para conseguir los objetivos, tuvimos una campaña de venta de móviles en la que regalábamos unos maravillosos auriculares inalámbricos. Entonces vino una clienta para decirme que ella había comprado un teléfono móvil, pero que aún no había recibido los audífonos de regalo. Tratando de mantener la compostura, le expliqué que el obsequio no eran unos audífonos, como ella esperaba, sino que se trataba de simples auriculares.

—¡Qué decepción! ¡Con lo bien que me venían! —dijo la frustrada mujer, ya que estaba algo sorda y tenía muchas esperanzas puestas en esos audífonos que le iban a salir tan baratos.

La mitad del camino

Y con la anécdota número 50, hemos llegado a la mitad del camino, pues en este libro encontrarás un total de 100 experiencias vividas y sufridas en las oficinas por las que he ido pasando a lo largo de los años. Espero que lo estés disfrutando, ya que es lo que he pretendido al escribir esta obra.

¿Y qué hay de ti? ¿También has tenido que soportar episodios parecidos a los que aquí describo? Si es así y quieres contactar conmigo, no dudes en escribirme un e-mail. Puedes hacerlo a la siguiente dirección de correo electrónico:

lalocabanquera@gmail.com

O si lo prefieres, te invito a que me sigas en Twitter. En mi cuenta voy a compartir todo lo que me vaya sucediendo a partir de ahora en la oficina, por lo que las risas y las publicaciones constantes están aseguradas. Y por supuesto, nómbrame también en tus propios tuits y comentarios, para que yo pueda así disfrutar de tus vivencias, además de retuitearlas con el fin de compartirlas con la comunidad.

¡Te espero!

@lalocabanquera

51. Sería lo mejor que podría hacer

En cierta ocasión, se viene hacia mi mesa un cliente muy enfadado porque hay mucha cola en la oficina y reclama que se le atienda con urgencia. Como no puedo hacer nada al respecto porque tiene a varias personas delante que no soy capaz de borrar del mapa y que lo miran con malos modos, me amenaza y me grita lo siguiente:

—Con el trato que me estáis dando, voy a coger mi cuenta y me la voy a llevar a otro banco, que os creéis que me puedo pasar todo el día aquí en la cola, como si no tuviera nada mejor que hacer.

Pasado un rato, cuando al fin le toca a esta malhumorada persona, entro en el programa y miro su información. Entonces me llevo la gran sorpresa, porque compruebo que no sólo no tiene dinero, sino que debe 300 euros que aparecen en negativo. ¡Menudo cliente VIP estaba hecho! Desde luego, lo mejor que podía hacer era cumplir su amenaza y llevarse la cuenta a otra entidad. ¡Es que resulta increíble! Lo que tenemos que aguantar en las oficinas no está pagado.

52. Nos vamos a la jungla

—Disculpe, pero me acabo de abrir una cuenta Jumanji y necesito algo de ayuda —me suelta de repente un cliente, dejándome con una cara que parecía una liebre delante de los faros de un coche.

—¿Una cuenta Jumanji? ¿A qué se refiere? —dije sin saber de qué demonios me estaba hablando.

—Sí, la cuenta online, que me la he abierto a través de Internet y tengo algunas dudas.

Entonces me quedó claro lo que sucedía, aunque evidentemente el nombre de dicha cuenta no era el de las famosas películas. Lo primero que me vino a la mente en ese momento fue que dejara de jugar a Jumanji, ya que así nos iba a todos, pues estábamos en plena pandemia de coronavirus. No obstante, me guardé tal idea para mí y traté de resolver sus dudas de la mejor forma posible.

53. Haciendo las cuentas

—Buenos días —me dice un cliente una vez que yo estaba en la caja—. Me gustaría sacar todo lo de mi pensión, pero quiero que me dejes en la cuenta la cantidad necesaria para pagar la luz, el agua, el teléfono y la comunidad.

—Pero, caballero, ¿eso cuánto es? —le pregunto de la mejor forma posible. Su respuesta fue de campeonato.

—Pues, hija, mírame lo que he pagado otros meses y así ya ves la cantidad...

Y ahí te ves tú como si fueras su secretaria, mirando lo que suele pagar cada mes para dejarle en la cuenta una cifra aproximada. Para no equivocarme, yo tiré para arriba, porque no me quiero ni imaginar la que habría liado si le dejo una cantidad inferior y al final le falta dinero para pagar algún recibo. Si es que para trabajar en un banco hay que tener más paciencia que un santo.

54. Los montoncitos

Parecido al caso anterior, quiero recordar ahora otra cosa que me sucedió, realmente absurda y sin sentido. A modo de resumen, vino una clienta que me pidió que le sacara todo el importe de la pensión. Entonces, delante de mí, empezó a hacer montones distintos con los billetes, poniéndolos sobre el mostrador. Una vez que hubo terminado, empezó a entregarme montón tras montón, poco a poco, y mientras lo hacía me iba explicando para qué era cada uno.

—Toma, bonita. Éste es para la luz... Este otro para los muertos... Esto de aquí para la comunidad...

Como no podía ser de otro modo, por mi parte hice la suma de todo lo que me dio y realicé el correspondiente ingreso en cuenta. ¡Pero sólo uno!

55. Una venta frustrada

Una mañana, sobre las 12 del mediodía, de repente nos damos cuenta de que nos falta una de las tabletas de firmas de la mesa de un compañero que estaba de vacaciones. En ese momento no supimos lo que había ocurrido, y como teníamos una cola en la oficina que salía por la puerta, dejamos el incidente para investigarlo en cuanto tuviéramos tiempo. ¡Por suerte, no hizo falta indagar! Cuando llegó el final de la jornada, apareció un tipo con muy malas pintas y sin mediar palabra, se sacó la tableta de los pantalones.

—¡No me ha servido para nada! —explicó entonces, algo molesto—. He intentado venderlo, pero esto no lo quiere nadie, así que aquí lo tenéis…

Y con las mismas, se dio la vuelta y se marchó de la oficina. Se ve que en el fondo no era mala gente, porque en lugar de tirarla a la basura, tuvo el detalle de traer la tableta de vuelta.

56. ¡Menuda confusión!

Hace no mucho tiempo, una clienta fue atendida por el director, en el interior de su despacho. Pues bien, cuando se fue la mujer, mi jefe se dio cuenta de que le faltaba el teléfono móvil de empresa, además del tabaco y del mechero. Sospechando que la responsable del hurto había sido ella, la llamó y le preguntó si por error se había llevado su móvil, con el fin de no acusarla directamente. Pero además, le dijo que el teléfono tenía un GPS instalado y él iba a ir a poner la correspondiente denuncia. Por eso la estaba avisando, por si se lo había llevado ella por error, ya que la ubicación del móvil podía ser localizada.

Contra todo pronóstico, la amenaza tuvo el efecto deseado, ya que en menos de 10 minutos estaba allí la mujer de vuelta, diciendo que como el teléfono móvil era igualito que el suyo, pues que se había equivocado y lo había cogido sin darse cuenta. Pero la cuestión es que cuando mi director la llamó a su teléfono particular, ella respondió a la llamada al momento. Por tanto, eso significaba que tenía dos móviles y ninguna voluntad de devolver el que no era suyo. Por supuesto, no nos creímos ni una palabra de todo lo que contó. Por cierto, mi jefe ni siquiera preguntó por el tabaco y el mechero. Ésos los dio directamente por perdidos.

57. La plaga

En mi oficina actual, hay una compañera que le tiene un asco y un miedo terrible a las cucarachas. Es tal su fobia a tan repugnantes criaturas, que cada vez que ve una se sube a la mesa y empieza a gritar, desesperada. Los clientes se quedan mirándola sorprendidos, aunque muchos la comprenden. El problema vino cuando durante un tiempo tuvimos una plaga en la oficina y me tocaba ir delante de ella cada vez que quería ir al aseo, por si había alguna a la vista para espantarla. No obstante, peor aún fue cuando una rata se instaló en el sótano de la oficina. ¡Era tan grande como un gato! Cada vez que íbamos al baño, parecía que nos estaba esperando para saludarnos y comprobar cómo nos iba la mañana. ¡Qué horror!

58. Un olor nauseabundo

Una mañana, cuando llegamos a la oficina, descubrimos escandalizados que había un hedor insoportable, vomitivo, y no sabíamos de dónde venía. Como detectives, seguimos el rastro de aquella peste y finalmente descubrimos que se había inundado el sótano. ¡Pero no era una inundación normal, no! ¡No tuvimos tanta suerte! Para nuestra desgracia, se trataba de las aguas fecales de todo el edificio que había encima, una decena de pisos. Tardaron dos días en venir a vaciar aquello y los clientes no paraban de quejarse. Nosotros, por supuesto, no queríamos explicarles lo que ocurría realmente, ya que era vergonzoso, y lo achacábamos a una tubería en mal estado.

59. ¡Feliz Navidad!

En una oficina, que estaba situada en una zona muy popular de aquella ciudad, por Navidad pusimos varias botellas de alcohol y mantecados para ofrecer a los clientes. El resultado fue que nos vimos en la obligación de quitar todo aquello, ya que cada mañana venía un cliente, puntual como un reloj, y se sentaba en un sofá que había en el interior de la sucursal. Sé que parece increíble, pero es totalmente cierto que aquel tipo no se marchaba hasta que se había bebido, al menos, cuatro o cinco chupitos de anís. Y mientras tanto había que escuchar todo lo que decía. ¡Faltaría más! Nos ponía la cabeza como un bombo.

60. No se puede ni desayunar

Me hace muchísima gracia, por no decir que me desespera, esa clienta que cuando al fin tienes un hueco y puedes salir a desayunar, te ve en el bar y te dice:

—¡Qué bien! Has podido venir a tomarte un café. Si es que no tenéis ni un minuto de respiro con esas colas. Así al menos puedes desconectar unos minutos, que os hace falta…

Y entonces, ante tu cara de desesperación y sin cortarse ni un pelo, va y se te sienta en tu propia mesa, antes de seguir hablando como una cotorra:

—Por cierto, ya que estás aquí, a ver si puedes explicarme esto de la aplicación del móvil del banco, que no me entero de nada y no sé usarla.

¡Y se queda tan pancha soltándote el teléfono encima de la mesa! Y ahí estás tú, mostrando tu mejor sonrisa, y mandándola por dentro a tomar viento fresco, mientras tratas de explicarle el funcionamiento de la susodicha aplicación.

61. ¡Bulería, bulería!

—Buenos días, señorita. ¿Me puede decir el Bisbal de mi cuenta? —me preguntó un cliente en cierta ocasión.

—¡Bulería, bulería! —Esa fue mi respuesta. Me salió del alma y me lo tomé a risa, al igual que aquel hombre. Por supuesto, se refería al IBAN. ¿De cuántas maneras lo habrán llamado? Recuerdo que también he escuchado el Big Bang de la cuenta y el Gmail. ¿Conocéis alguna forma más?

62. ¿En serio me lo preguntas?

Soy consciente de que esto es bastante inverosímil, pero lo cierto es que a lo largo de los años no me ha pasado ni una vez, ni dos, sino muchas. Normalmente suele ocurrir con clientes que cuentan con mucho dinero y que ya tienen confianza contigo. Entonces te hacen la pregunta del millón:

—¿Tú podrías explicarme cómo puedo blanquear dinero? —te sueltan con todo el morro.

¿Qué? ¿*WTF*? ¿En serio me estás preguntando eso? ¿Es que no se enteran de que nosotros tenemos que cumplir unas normas, que eso es algo totalmente ilegal y que desde los bancos estamos obligados a luchar contra ello? ¡Pues parece que no!

63. Tiene derecho a una llamada

Esto que os voy a contar es tan surrealista, que me da hasta la risa, pero es por no llorar. Se trata de una clienta que me pide lo siguiente, tras sentarse en mi mesa:

—¿Podrías llamar tú a la cárcel para preguntar si ha llegado una transferencia? Es para un hijo mío, que lleva allí 4 años y le hace falta.

—Lo lamento, pero yo no puedo hacer eso —le respondí, tratando de mantener la cordura intacta.

—Pues en otras oficinas siempre me hacen el favor de llamar a la cárcel para preguntarlo y no me ponen ningún problema —me suelta a la cara.

¡Ja! ¡Y ahora voy yo y me lo creo! Supongo que no se esperaba la respuesta que le di, ya que se marchó sin insistir más. Fue la siguiente:

—Ya, es que hay compañeros que son muy apañados, pero como usted puede ver, aquí en esta oficina somos muy pocos empleados y no tenemos tiempo para esas cosas.

64. ¡No limpio pescado!

En cierta oficina, teníamos un cliente que era el propietario de una pescadería y siempre nos traía todo el dinero en efectivo lleno de escamas, que apestaban y además se enganchaban en el reciclador. Cuando el siguiente cliente venía a sacar dinero, el olorcito del reciclador tiraba para atrás.

65. El hijo pródigo

En una ocasión, tuvimos que parar una testamentaría porque había aparecido un hijo de 17 años del fallecido. Le ocurrió a una clienta, cuyo marido murió. Por nuestra parte, estábamos tramitando todo el papeleo, cuando ella llegó un día y nos pidió que por favor lo parasemos todo, ya que su marido tenía un hijo, y estaba hasta reconocido, de modo que ella ni lo sabía. ¡Al parecer, era la única! Supongo que a partir de ese momento, no le daría tanta pena la pérdida de su esposo.

66. Menos mal que tuve reflejos

Una vez estaba atendiendo a una clienta y de repente veo que se le empieza a poner muy mala cara, blanca como el papel. No hubo tiempo para mucho más, ya que al instante comenzó a dar arcadas. Por suerte, tuve muy buenos reflejos, corrí a por la papelera y se la puse delante. Lo hice rápida como un rayo, y menos mal, porque lo que salió por su boca no parecía de este mundo. Si no llego a darme prisa, me pone la mesa como una cloaca. ¡Y eso sin tener en cuenta el olor que desprendía!

67. Pañales sucios

Hablando de olores, me viene a la mente una situación que por desgracia me ha ocurrido muchísimas veces. Es aquella en la que te toca atender a alguien con un bebé, que acaba de darle uso a su pañal en su máxima expresión. El olorcillo que te llega entonces es repulsivo, y ahí te ves tú de nuevo, poniendo buena cara y diciendo lo precioso que es el niño, o la niña, y deseando acabar cuanto antes lo que les estés haciendo para que se vayan al fin a cambiarle el pañal.

68. ¡Ni se te ocurra colarte!

En este caso, llevaba yo muy poco tiempo en esa oficina, y por tanto no era muy conocida por algunos clientes. La cuestión es que un día de cobro de pensiones, antes de las ocho de la mañana, y con una cola que ocupaba toda la acera, fui a entrar y una clienta me grita lo siguiente, fuera de sí:

—¡Eh, tú! Ni se te ocurra colarte porque yo estoy aquí la primera, que llevo ya mucho rato esperando.

—Perdone, pero si yo no entro, me temo que usted no va a cobrar —le respondí, ya que además yo en esa época estaba en caja. Por supuesto, se quedó cortada y me dejó pasar. ¡Vaya tela!

69. Plus de peligrosidad

Sé que siempre digo lo mismo y me repito más que el ajo, pero hay veces en las que nos deberían pagar un plus de peligrosidad, ya que en un abrir y cerrar de ojos, cualquier oficina puede convertirse en un *ring* de lucha libre. Como ejemplo, cierto día una clienta le pide un anticipo al compañero de caja y éste le indica que no es posible. Al pasar por mi mesa, sin venir a cuento, coge mi grapadora hecha una auténtica fiera y se dispone a tirármela. Si no llega a ser por mi compañera, que saltó sobre ella y le sujetó la mano, me la tira y me destroza, porque la grapadora era de las antiguas, enorme y muy pesada. ¡Menudo revuelo se armó en la oficina, lleno de gritos e insultos por parte de aquella mujer, hasta que al fin logramos echarla!

70. ¿Quién diablos se olvidó eso?

Una vez vimos un paquete liado en una silla de la oficina y parecía que podía contener algo de dinero. Cuando lo abrimos, descubrimos con gran asombro que se trataba de una dentadura. Nunca supimos a quién pertenecía, porque ni vimos a nadie sin dientes, ni nadie la reclamó. ¿Quién pudo olvidarse de aquello?

71. Falsas amenazas

Hace tiempo, teníamos un cliente que no quería venir a la oficina y no paraba de quejarse porque decía que teníamos el aire acondicionado muy fuerte, de modo que siempre pasaba frío. Por eso, acabó amenazándonos con la típica cantinela:

—Si no bajáis el aire, me voy a llevar todo mi dinero a otro banco, porque no puede ser que yo me ponga enfermo cada vez que vengo a la oficina —decía.

Lo cierto es que pasamos de él y no le hicimos mucho caso. A pesar de ello, el cliente no cumplió su amenaza.

72. ¡Todos a la calle!

Siempre resulta bastante desagradable que un cliente te ponga una reclamación, especialmente si no tiene la razón. Ésta es una de esas ocasiones, en la que un hombre ya mayor me plantó una reclamación "a presidencia", según afirmaba, porque no le quise dar un extratipo de un plazo fijo. Pero la cosa no terminó ahí, ya que se empeñó en decir que con su reclamación iba a conseguir que nos echaran a la calle a mí, a mi directora y al director de zona. ¡Menudo efecto iba a tener, toda una sucesión de despidos fulminantes!

Cuando llegó la reclamación a la oficina, lo peor de todo fue tener que contestar a algo tan absurdo. Como no podía ser de otro modo, la queja no llegó a ninguna parte.

73. ¡Ladrones!

Un día estamos sentados en la oficina y vemos cómo una mujer, empuñando un espray, empieza a escribir algo a lo largo de toda la cristalera del banco. Acto seguido, se marchó corriendo, supongo que para evitar ser denunciada. Cuando salimos a ver la pintada, nuestras sospechas se confirmaron, ya que tal y como intuíamos desde el interior, lo allí escrito era la palabra 'Ladrones', bien grande, en color rojo chillón, del tamaño de una valla publicitaria.

Lo peor de todo es que aquella grafitera ni siquiera era clienta de la sucursal. No sabemos ni quién era, por lo que suponemos que su acto formaba parte de una queja contra toda la banca en general, y no contra nuestra oficina. De un modo u otro, lo cierto es que tuvimos que llamar a los servicios de limpieza para que quitaran aquello de los cristales, y allí estuvimos dos días enteros con el bonito letrero, acusándonos a los empleados de algo totalmente injusto.

74. La embaladora

—A ver si puede ayudarnos —me dice una mujer muy educadamente, que estaba acompañada—. Hemos venido porque mi hija quiere pedir una hipoteca para comprarse una casa que ha visto. Por eso necesitamos que nos diga si se la podrían conceder si yo la embalo.

Mi cara debió de decirlo todo en aquellos momentos, pero fui capaz de contener la risa mientras me imaginaba a aquella señora, envolviendo a su hija en papel de regalo. Supongo que quería mostrárnosla como un bonito presente, exquisitamente embalado. ¡Tal vez así le diésemos la hipoteca!

75. Perdone… ¿Qué?

¡Esto sí que no tiene ningún sentido! Porque yo puedo entender que hay gente con más o menos cultura, con más o menos preparación en la vida, que no tienen por qué conocer muchas de las palabras técnicas que usamos a diario en la banca. Por tanto, comprendo que pueden confundir esos términos con otros más populares y comunes. ¿Pero y esto? ¿Alguien puede explicarme esto? Así me llegó un buen día un cliente:

—Perdone, ¿podría decirme si me ha llegado el suicidio por desempleo?

Oh my God! ¿Pero tú de dónde sales, alma de cántaro? ¿Cómo es que sigues vivo y no te has suicidado, si cada mes lo andas buscando? ¡Vamos, que el subsidio se lo daban por gusto!

76. Por eso somos ricos

Pues si lo anterior os parecía raro, esto ya es inaudito. De forma muy resumida, en una oficina teníamos un cliente que nos decía lo siguiente, acusándonos de auténticos usureros a los empleados (la culpa que tendremos nosotros):

—¡Sí, sí, que tenéis mucha cara! —aseguraba—. Que yo sé que hasta el último céntimo que me estáis cobrando en comisiones os lo quedáis vosotros. Por eso sois todos ricos y vais siempre tan bien vestidos, con esos trajes caros.

Está claro que ese hombre no estaba bien de la cabeza, pero la cuestión es que ahí tenías que vernos a los empleados, aguantando el chaparrón de ese sujeto.

77. Y ahora… al juzgado

En cierta ocasión, como yo no tenía nada mejor que hacer, me llamaron como testigo de un juicio de la entidad. Y nada, ahí que tuve que ir, sin ganas. Entonces llego al juzgado y pregunto dónde se celebraba el juicio. Cuando me lo indican, me doy la vuelta y, para mi desgracia, había una puerta completamente de cristal, que no se veía en absoluto. Yo no sé cómo aquello podía estar ahí en medio de ese modo. Lo único cierto es que me la clavé en medio de la frente. Así que además de la vergüenza que pasé ante aquel impacto, me salió un chichón de mil demonios.

Ahí estaba yo de nuevo, poniendo buena cara y mostrando una sonrisa estúpida, tratando de soportar el dolor y el mareo que se había adueñado de mi cabeza. Varias muchachas que estaban por allí me tuvieron que poner una botella de agua fría en la frente, porque no había hielo y el chichón había crecido tanto, que daba miedo verlo… Al rato, algo más recuperada, fui por fin al juicio y me dijeron que esperase fuera, ya que posiblemente no sería necesaria mi intervención. Y ahí me quedé esperando, hasta que salió el abogado de la entidad y me dijo que ya podía irme. Finalmente fui para nada y hasta la jueza, que se enteró de lo ocurrido, preguntó cómo me encontraba yo.

78. ¡Esto es un atraco!

Si es que a lo largo de los años me ha pasado de todo. ¿A ver qué os parece esto? Estaba en mi oficina, tranquilamente en la caja, en esa época ya pasada en la que todavía teníamos un búnker. Mientras tanto, mi compañero se encontraba en una mesa, fuera de esta zona protegida. Entonces, de repente empiezan a pegar en el timbre de forma insistente y vemos a dos muchachos, uno de ellos sin camiseta, que tenían agarrada de los brazos a la subdirectora de la oficina.

—¡Vamos, abre la puerta! Algo pasa —le digo a mi compañero.

—¡No, no, no! —me responde, completamente blanco—. ¡Eso es un atraco! Como tú estás ahí a salvo en el búnker, no te va a pasar nada, pero yo estoy aquí fuera, así que no abro.

Y así seguimos discutiendo un buen rato, hasta que al fin, ante mi insistencia y la de los muchachos, cedió a la presión y fue a abrir la puerta. Gracias a ello nos enteramos de que la subdirectora se había desmayado en plena calle y los chicos la traían a la oficina para que acabara de recuperarse. Finalmente, todo quedó en un susto, pero vaya mal rato que pasé.

79. Ver para creer

Esto que os voy a contar ahora ocurrió hace muchos años, ya que como comprenderéis al leerlo, sería algo del todo inadmisible ahora. Lo que ocurría era que teníamos un cliente que nos exigía que mantuviéramos todo su dinero físico bien contado y apartado del resto, en un montón, dentro de la caja fuerte de la entidad. ¡Es que esto parece un chiste, porque no vayáis a pensar que se fiaba de nosotros! ¡No, señor! Cada mes venía al banco a ver su dinero, a comprobar que todo seguía allí, de modo que el director le abría la caja y le permitía el paso, para que el hombre pudiera verlo con sus propios ojos. Como dice el refrán, ver para creer.

80. La cartilla roja

Sobre las diferentes formas en las que la gente pretende identificarse cuando desea sacar dinero, recuerdo una vez en la que llegó a la oficina un cliente que no traía el DNI. Por el contrario, aseguraba tener el pasaporte, pero cuando lo entregó, se trataba realmente de una cartilla de color rojo, correspondiente a otro banco (ya imaginaréis cuál).

—Perdone, caballero, pero esto no es su pasaporte.

—¡Claro que sí! Con esto me permiten viajar al extranjero y ahora aquí no me dejáis ni sacar mi propio dinero. ¡Qué disparate es éste! ¿Dónde está el director?

Por descontado, al final se fue sin poder retirar efectivo y regresó al día siguiente con el DNI. ¡Por ahí podía haber empezado y nos hubiéramos ahorrado oír sus quejas sin sentido!

81. ¡Sí, todo bien!

En esa misma oficina, teníamos un cliente muy especial, de esos que nunca se olvidan, a pesar de que pasen los años. El motivo era que todos los meses sacaba exactamente la misma cantidad de su pensión. Y luego, a las dos horas, volvía siempre para preguntarnos si le habíamos dado la cantidad que había pedido. Así que ya lo estábamos esperando, pendientes del reloj, de modo que cuando lo veíamos entrar por la puerta, ya le decíamos desde lejos lo que esperaba oír de nosotros:

—¡Sí, todo bien!

—Mejor así. Me quedo mucho más tranquilo —decía antes de volver a marcharse, convencido de que todo era correcto.

82. ¡Qué modernidad!

Una vez de esas tan divertidas en las que estábamos cargando un cajero, había unos clientes fuera, intentando sacar dinero y protestando, diciendo que no funcionaba. Entonces mi compañero, desde el interior, les dijo lo siguiente:

—En breves momentos, estará disponible el cajero.

Al escuchar aquello sin ver a nadie cerca, los clientes se quedaron sorprendidísimos, muy satisfechos con la respuesta que, según ellos, les había dado la máquina.

—¡Qué modernidad! —decían—. El cajero ya hasta nos habla. ¡Parece un robot!

83. Disculpe, pero aquí no es

—Verá, llevo ya 9 años sellando el paro —dice un cliente— y ahora que tengo familia, vengo a pedirle una ayuda al banco, porque a los que tienen hijos, el banco les da ayudas, ¿verdad?

Yo no sé dónde se informa la gente, pero si conocieran un poco la política de los bancos… Lo mejor que pudimos hacer por el cliente fue enviarlo a la asistencia social, con nuestros mejores deseos.

84. Insultando que es gerundio

Ahora quiero hablaros de aquellos que nos insultan, sólo porque no podemos atender sus peticiones absurdas, sin tener siquiera la razón en sus exigencias. Y como el número de ejemplos sería prácticamente infinito, os voy a narrar el suceso de este tipo más reciente que he vivido. Aunque mejor dicho, lo vivió una compañera, ya que fue ella quien lo sufrió.

Entre las lindezas que tuvo que escuchar de parte del cliente destacaban 'Guarra' y 'Fea', todo porque según manifestaba el energúmeno, nuestro cajero le había bloqueado su tarjeta, que además era de otra entidad. Por respuesta, le dijimos que se dirigiera a su banco, ya que sólo allí podrían explicarle lo que le ocurría a su tarjeta. Por suerte, esta vez todos los clientes que se encontraban en la oficina apoyaron a mi compañera y salieron en su defensa. ¡Bien por ellos!

85. Me lo compráis, ¿no?

Cierto día, llega un cliente que quiere vender su casa, de la cual aún está pagando la correspondiente hipoteca en otra entidad. Entonces, de repente va y me dice:

—He venido porque como no puedo seguir pagando la cuota de mi hipoteca, he decidido vender mi piso. Vosotros me lo compráis, ¿no?

—Perdone, ¿cómo dice?

—Sí, que vosotros me compráis mi piso —insiste—. Yo sé que el banco tiene muchas casas, así que he pensado que también podríais adquirir la mía.

¡Eso ya era lo que nos faltaba, hacer de inmobiliarias y comprar las casas que no quiere nadie! Como si no tuviéramos bastante con las embargadas, para meternos en más líos…

86. Voy mejorando…

Os juro que esto es cierto, ya que estoy convencida de que os costará creerme, pero así pasó, palabra por palabra… Esto ocurrió a principios de la pandemia, cuando comenzamos a llamar a todos los clientes de edad avanzada para tranquilizarlos e informarles de que todo estaba bien en el banco. En esa serie de llamadas, nos poníamos a su disposición a través del teléfono y la inmensa mayoría recibió estas comunicaciones de un modo más que positivo.

En este contexto, marco el número de un cliente para llamarlo, de modo que me coge el teléfono muy amablemente. Entonces lo saludo, me presento y le pregunto cómo está. Me respondió lo siguiente, dejándome totalmente noqueada:

—He estado varios días regular, con dolor de cabeza, y ayer tuve hasta diarrea, pero por suerte hoy ya estoy mejor. Creo que no ha sido nada grave.

—Disculpe, pero le estoy llamando de su banco —dije cuando pude recuperarme del *shock* inicial.

—¡Oh, vaya! —exclamó avergonzado—. Me he equivocado. Pensaba que era mi doctora la que me estaba llamando.

¡Madre mía! Menos mal que lo primero que hice fue presentarme. De lo contrario, a saber qué habría respondido.

87. Qué buenos amortiguadores

—Buenos días, vengo a amortiguar mis préstamos —me dice un cliente, satisfecho de poder quitarse parte de su deuda.

¡Hala, alegría! Amortiguar es lo que hago yo en cada momento del día, tratando de reducir el impacto de los golpes que me da la vida. ¡Qué suerte que a él le sirva para amortizar los préstamos! De ser así, yo no debería ni un euro. Y es que el anticipo de nómina tiene mucho peligro…

88. Aplicaciones cruzadas

Hablemos ahora de esos maravillosos clientes que llegan a la oficina con el móvil en la mano y te muestran la aplicación de otro banco. Entonces te dicen lo siguiente, algo que ya te ves venir, porque estás curada de espanto:

—Perdone, ¿me puede explicar cómo funciona la aplicación de mi banco? Es que en el mío hay mucha cola y no puedo entretenerme tanto. ¿Me hace el favor?

¡Tócate los ***! Ya era lo que nos faltaba. Como si no tuviéramos otra cosa que hacer que ponernos a explicar cómo va lo de la competencia. ¡Qué pocas luces tienen algunos!

89. ¡A que explotamos!

—¡Vengo porque tengo la tarjeta explotada! —me dice un cliente, bastante contrariado.

¿Explotada? En serio… ¿Explotada? Explotar es lo que le va a pasar a mi cabeza de todo lo que tengo que escuchar a lo largo del día. No obstante, me relajé y respondí con mi mejor sonrisa. Y así, después de mucho preguntar e indagar, llegué a la conclusión de que el término significaba que se había gastado todo el crédito de la tarjeta y quería que le pusiéramos más.

90. Y ahora, a la cárcel

—¡Tengo la tarjeta encarcelada! —me dice otro, lo que me dejó completamente patidifusa, ya que esa expresión no la había escuchado en la vida. Ni siquiera tras haber estudiado una carrera, yo tenía constancia de lo que aquello significaba. ¿A qué diablos se refería?

De nuevo, se demostró que las dotes detectivescas son vitales en nuestra profesión, ya que tras someter al cliente al más duro de los interrogatorios, pude vislumbrar su significado. Al final, lo que aquel hombre quería decir era que su tarjeta había sido cancelada. ¿No podía haber empezado por ahí?

91. Ni el diccionario dice tantas cosas

Y hablando de expresiones insólitas o inverosímiles, aquí viene otra muy buena, que me hace bastante gracia al imaginarme lo que quiere decir textualmente:

—Disculpe —comienza una clienta—, pero el cajero me dice que mi tarjeta está destrozada.

¿Cómo? ¿Puede repetir? Hay que ver la de frases que dice el cajero que ni los empleados conocemos. ¿De verdad dice tantas cosas? En vuestras oficinas no sé si ocurrirá lo mismo, pero en la mía habla hasta por los codos, y tiene más vocabulario que un diccionario. ¡Lo que hay que aguantar!

92. El fatídico rescate

Aún no lo había mencionado como se merecía, así que aquí le llega el turno al temido rescate. Como os podréis imaginar, trabajé en una entidad que fue rescatada, así que me tocó soportar innumerables acusaciones por parte de los clientes.

No obstante, y a modo de resumen, quiero destacar una de ellas, que para mi desgracia se repitió hasta la saciedad. Me estoy refiriendo a aquellos clientes que llegaban a la oficina y te decían algo muy parecido a esto:

—Quiero saber si ahora que el banco ha sido rescatado, yo sigo estando obligado a pagar mi hipoteca. Supongo que si el banco quiebra y no voy ni a poder sacar mi dinero, tampoco estaré obligado a pagar nada.

Y ahí estabas tú otra vez, sola ante el peligro, tratando de explicarle al cliente lo que significaba el rescate, que su dinero no corría ningún riesgo, y que por supuesto debía seguir pagando religiosamente la cuota de su hipoteca. Así que había quien lo entendía, quien no, quien se enfadaba contigo, el que gritaba y el que se marchaba insultando y maldiciendo. ¡Había de todo! ¿Alguien dice que en la banca nos aburrimos en nuestros puestos de trabajo?

93. Por ser tú…

Con la llegada de los llamados teléfonos inteligentes y la aparición de las dichosas aplicaciones de los bancos, hemos tenido más de un quebradero de cabeza. Pero en cierta ocasión me ocurrió algo que se lleva la palma. El motivo era una frase que el cliente podía leer en su móvil, dentro de la *app*, la cual indicaba lo siguiente, muy amablemente:

"Por ser tú, llevas ahorrados 124 euros".

Así que ahí me llega el cliente, con toda su cara, y va y me pregunta cuándo le ingresamos esa cantidad, ya que lleva varios días esperándola para hacer unos pagos y nunca acaba de aparecer reflejada en su cuenta. ¡Ufff! ¡Qué paciencia! Lo que me tocaba explicarle en esos momentos era que no había ganado 124 euros, como el cliente pensaba, sino que en comisiones se había ahorrado esa cifra, por ser cliente vinculado a la entidad. ¡Madre del amor hermoso!

94. Billetes de colores

Actualmente, en mi oficina hay una clienta que cuando llega a la caja, siempre pide el dinero de esta forma:

—Quiero ocho billetes marrones y dos azules —te dice, muy convencida de lo que está pidiendo.

Entonces, cuando crees que ya nada puede ir peor, te explica el motivo por el que hace eso y te pide otra cosa aún más surrealista:

—Es que yo no entiendo el oro (así llama ella a los euros), así que, por favor, lo que me vas a dar, explícamelo en pesetas, que si no, no me entero de lo que gasto.

Como os decía anteriormente, esto ocurre en el momento en que escribo estas líneas, es decir, en 2022. No penséis que es una anécdota de hace veinte años.

95. Más cara que espalda

En una de las oficinas por las que he pasado en estos años, teníamos una clienta extranjera, con doble nacionalidad, incluida la española. La cuestión es que dejó de pagar un préstamo, así que mi compañera tuvo que llamarla porque estaba en mora. Tras informarla de lo que ocurría, hablando con ella por teléfono, le explicó que era morosa, a lo que la clienta respondió lo siguiente, dejando sin palabras a mi compañera:

—¿Morosa? ¡Yo no soy morosa, yo soy españolosa! —dijo con su marcado acento. ¿Es para echarse a llorar o no?

96. Grabado con el móvil

Lo descrito en esta vivencia lo voy a copiar textualmente de un audio de Whatsapp. El motivo es que la situación que vivimos en la oficina se volvió tan violenta, que tuvimos que grabar al cliente con el móvil por si agredía a algún compañero y nos veíamos obligados a ponerle una denuncia:

—¡Te voy a cortar el cuello! —amenazaba el sujeto a gritos—. ¡Os voy a demandar a todos! ¡Todavía estoy pagando la mierda del seguro médico que me contratasteis! ¡Te voy a canear y te voy a cortar los huevos!

De nuevo, queda patente que el plus de peligrosidad que no cobramos estaría más que justificado, ya que muchas veces nos jugamos el tipo y nos vemos metidos en trifulcas en las que nuestra integridad física corre serio peligro.

97. ¿Y ahora qué me piden?

¿Y qué decir de las maravillosas citas que ahora se pueden pedir a través de la aplicación del banco? Recuerdo una solicitada por un cliente en la que me decía que deseaba venir a la oficina para pedir un Tuve. ¡Dios mío! ¿Y ahora qué es esto? ¿Qué querrá? Mis sospechas se dirigían en una dirección en la que quizás también estés pensando y esa vez acerté.

Cuando el hombre vino a la hora establecida y se sentó en mi mesa, de nuevo me dijo lo mismo que había escrito en la aplicación, que quería un Tuve, pero pronto quedó claro de lo que hablaba realmente. Se refería a un TPV para su negocio, así que al fin pude facilitarle la información que necesitaba.

98. ¿Quieres un caramelito?

Este suceso es muy especial. Se trataba de un señor, que no era ni cliente de la oficina, el cual venía todos los días y nos daba un caramelo a cada uno de nosotros. Además, a veces nos cantaba, como si estuviera sobre un escenario. Pero no lo hacía sólo en nuestra sucursal, sino en todas las del barrio, que eran varias. Hablándolo con compañeros de otros bancos, al parecer ese hombre no tenía la cuenta en ningún sitio. No era cliente de ninguna de las oficinas, pero las visitaba todas. Recuerdo que yo tenía una caja con más de 100 caramelos, de los que me había ido regalando, y se los daba a los niños. Después llegó la pandemia y dejó de venir. ¡Espero que se encuentre bien!

99. En cualquier discoteca es más caro

—¡Me han cobrado 4 euros de consumición! —me dice de repente un malhumorado cliente, molesto con la entidad.

«¡Pues mira tú qué bien! —pensé yo—. Mucho más barato que en cualquier discoteca. Aquí con los 4 euros, tienes hasta derecho de acceder al local todas la veces que quieras».

¡Ay, si es que no nos comprenden!

100. Una historia de amor

Y ya que no es malo todo lo que ocurre en las oficinas, he querido dejar para el final una anécdota muy positiva. Ésta la vivió en primera persona una compañera, la cual comenzó a salir con un cliente. A partir de ahí, se enamoraron y siguen juntos, realmente felices. En su caso valdría decir: "Lo que el banco ha unido, que no lo separe el hombre".

Así que como conclusión, más vale buscarle el lado positivo a todas las cosas, ya que allí donde tratamos de ganarnos la vida trabajando, donde sufrimos tantas penalidades, también puede surgir la chispa del amor. ¡Felicidades, pareja!

Juguemos a las adivinanzas

Y ahora te llega el turno a ti, pues es el momento de descubrir todo lo que has aprendido. Gracias a ello, pondremos a prueba tu capacidad de respuesta como empleado de banca, y además este juego te ayudará a reforzar el vocabulario que debes manejar con soltura en tu puesto de trabajo. A ver cuántas de las siguientes preguntas eres capaz de contestar correctamente. Te recomiendo que vayas anotando tus respuestas en un papel aparte, para que luego puedas buscar las soluciones en este libro. ¡Buena suerte!

1. En el idioma del buen banquero, ¿qué significado tiene el ojete?

2. ¿Qué debes pensar si un cliente te indica que uno de sus familiares es impotente?

3. Si alguien te dice que va a hacer Zumba, ¿de qué diablos te está hablando realmente?

4. Si escuchas la palabra 'Orgasmo' en boca de un cliente, ¿con qué deberías asociarla?

5. ¿Qué es realmente la paga de regalo? ¿Pueden los clientes contar con ella a fin de mes?

6. ¿Tienes bajo control el Banco Celeste? ¿Sabes qué responder si alguien lo menciona?

7. Si un cliente va a ponerse la artrosis, ¿debes alegrarte por él o preocuparte?

8. Si alguien te pide un extractor, ¿acaso se ha desatado un incendio en la oficina? ¿Qué quiere realmente?

9. Si en una transferencia te piden que pongas como concepto 'Malnutrición', ¿qué debes pensar del cliente?

10. Cuando alguien te diga que ha recibido muchos odios, ¿debes compadecerte de esa persona?

11. Si te piden el prototipo, ¿qué debes entregarle al cliente? ¿Qué es lo que quiere saber?

12. Cuando alguien te solicite una nueva libreta pequeña, ¿qué debes ofrecerle?

13. Si un cliente te pide un diario, ¿acaso va a escribir sus memorias o qué es lo que busca?

14. Si escuchas la palabra 'Mágica' en boca de alguien, ¿de qué puede estar hablando en una oficina?

15. Cuando te pregunten por Yoda, ¿serás capaz de dar respuesta a tan intrigante cuestión?

16. Si un cliente viene a por sus audífonos al banco, ¿qué es lo que deberías contestarle?

17. Cuando te pregunten por Bisbal en plena jornada laboral, ¿sabrás de qué te están hablando o empezarás a tocar las palmas en honor del popular cantante?

18. Si alguien viene a embalar a la oficina de un modo totalmente inesperado, ¿acaso os mudáis a otro local y tú no te has enterado?

19. Si te mencionan la palabra 'Suicidio' fuera del contexto que le corresponde, ¿debes preocuparte por la integridad del cliente?

20. Cuando alguien te hable de amortiguar, ¿a qué se refiere en realidad?

21. Si algo relacionado con el banco está encarcelado, ¿qué quiere decir el cliente?

22. Tal vez nunca antes hayas oído el término 'Españolosa'. Si lo haces a partir de ahora, ¿sabrás de qué te están hablando?

23. Si un cliente viene malhumorado, quejándose de lo cara que ha sido su consumición, ¿qué debes responderle?

¿Pensabais que había terminado?

En realidad, así era. Antes de comenzar a redactar este libro, había seleccionado las 100 anécdotas que ya os he presentado, pero mientras lo escribía me fueron sucediendo más cosas y recordé otras que me habían pasado. Por eso, decidí ampliarlo todo con algunas experiencias más, que espero que os gusten. ¡Aquí vienen!

101. Vivito y coleando

—¿Cómo está el Euribor? ¿Está muy vivo? —me pregunta un cliente.

—¡Está vivito y coleando! —le respondí al oír aquello, con una gran sonrisa. Pero lejos de encontrar su complicidad, aquel hombre mostraba un rostro sumamente severo. Y es que no estaba bromeando en absoluto, como yo pensaba al principio. Muy al contrario, me había hecho su pregunta en serio. Así que reaccioné con rapidez, borré la estúpida sonrisa que se me había quedado, y procedí a dar respuesta a su consulta.

102. Un robo muy oportuno

Llega un cliente a la oficina, acompañado de su mujer. Viene realmente nervioso y ambos se sientan en mi mesa. Entonces él empieza a decirme que le han robado su tarjeta y que la pasada noche alguien hizo un montón de cargos en ella, correspondientes a los servicios de una casa de citas. La mujer lo miraba raro, sin fiarse mucho de sus palabras, y ahí estaba yo de nuevo, aguantando el chaparrón...

La sorpresa vino cuando un par de horas después de que se hubieran marchado, regresó el cliente a la oficina, esta vez solo. Entonces me dijo lo siguiente:

—Perdona por lo de antes, pero lo cierto es que no me han robado la tarjeta. Los cargos eran míos, pero no quería que se enterase mi mujer. Mira, aquí traigo el dinero para que me lo ingreses y yo le voy a contar a mi esposa que el banco me ha devuelto el dinero tras denunciar el robo.

¡La madre que me trajo a este mundo! Si es que esto se cuenta y no se lo cree nadie (como puede que os pase ahora a vosotros), pero así sucedió. Finalmente, el hombre se fue tan contento, ya que al parecer había conseguido convencer a su mujer de que le habían robado la tarjeta.

103. ¿Ropa interior?

En la oficina, contábamos con un cliente que tenía una nave en un polígono industrial, dedicada a la venta del tipo de ropa que suele encontrarse en los mercadillos. La cuestión, no sabemos por qué, es que cada vez que venía a ver al director para algún asunto, le traía de regalo unos calzoncillos. Dichas prendas además eran tan feas, que mi jefe no tenía ninguna intención de usarlas, por lo que las iba metiendo en un cajón, donde se fueron acumulando. Y así, llegó el día en el que nos tuvimos que trasladar de oficina, ya que nos cambiábamos de un local a otro de mayor tamaño. Ahí tenías que verlo a él, sacando de su despacho un montón de calzoncillos, con la mayor dignidad posible. ¡Menuda cara tenía ante tan increíble regalo!

104. Sin aire acondicionado

En pleno mes de agosto, con un calor del demonio, había un grupo de clientas, de edad ya avanzada, que venían en grupo a la oficina. En realidad, no querían nada en concreto, sino que se metían ahí para disfrutar del aire acondicionado y aliviarse del bochorno de la calle, mientras cotilleaban un rato. Lo peor de todo era precisamente que hablaban hasta por los codos y con unos tonos de voz tan elevados, que aquello parecía una feria.

Ante la locura que se formaba y la imposibilidad de trabajar con calma, uno de mis compañeros cambiaba el aire acondicionado por la calefacción en cuanto las veía entrar por la puerta.

En principio, la estrategia parecía buena, con el fin de que no estuvieran en la oficina más de la cuenta. Lo malo era que todos empezábamos a sudar como cerdos, sofocados por el intenso calor y al borde del desmayo.

—¡Por Dios, pon el aire! —le decíamos—. Deja que se queden porque nos vas a matar a todos.

De verdad que no os lo podéis imaginar, pero aquello era un auténtico infierno, con un calor que se podía freír un huevo.

105. Un teléfono de contacto

Relacionado con el caso anterior, teníamos otro cliente con el mismo *modus operandi*. Llegaba cada día a la oficina y se sentaba al fresco una media de tres horas. Éste no hablaba tanto, pero el problema era su avanzada edad. El hombre tenía tantos años, que mi jefe siempre decía que debíamos conseguir el teléfono de algún familiar, ya que no teníamos ninguna vía de contacto y aquel señor pasaba tanto tiempo en la oficina, que cualquier día le iba a ocurrir allí algo.

106. El extraño ingreso

—Buenos días, ¿podría decirme si me han ingresado ya el ascénsor? —me pregunta de repente un cliente, desarmándome por completo.

—Disculpe, ¿el qué...?

De nuevo, resultó vital que entrase en juego mi faceta detectivesca. Gracias a ella, tras mucho indagar, al fin pude descubrir que cuando hablaba del ascénsor, se estaba refiriendo en realidad a la pensión del Imserso. ¡Madre mía, qué alboroto, otro perrito piloto! Anotad el ascénsor en la lista por si os pasa.

107. Qué bonito color

Estaba en la oficina, trabajando en mi mesa, cuando llega una clienta, se sienta y me suelta lo siguiente:

—Buenos días, verá… He venido porque mi marido la tiene negra y yo quiero otra como la suya.

—Perdone, ¿qué?

—Sí, que él la tiene negra y yo la quiero igual.

Fuera de contexto, esto sería un auténtico disparate. En mi caso, al menos sabía que se refería a algo relacionado con el banco. Así que de nuevo, tras interpretar el papel del mismísimo Sherlock Holmes, por fin pude averiguar que estaba hablando de una tarjeta, ya que a su marido le habían dado una nueva de color negro y ella deseaba otra igual. De verdad… ¿tanto trabajo le cuesta a la gente expresarse y usar todas las palabras?

108. Claro que sí, lo que usted diga

Esta anécdota la he recordado ahora y es de hace algunos años, cuando se armó el gran lío de las llamadas preferentes. Sucedió así, tal y como os lo voy a contar.

—Vengo por el tema de las preferentes, para saber cuántas tengo —me dice un cliente.

—Perdone, pero usted no tiene ninguna —respondí yo, siendo muy consciente de los productos que poseía.

Entonces sucedió lo inimaginable, ya que muy seriamente, me dijo que él había leído todo el contrato (el cual correspondía a otro producto), y había encontrado la palabra "preferentemente". Según aseguraba, eso ya significaba que él tenía preferentes, por lo que quería toda la información sobre ellas. ¿Qué os parece? ¿Cómo se os queda el cuerpo? Pues imaginaos cómo se quedó el mío, sola ante el peligro, tratando de explicarle a aquel señor algo totalmente absurdo.

109. ¿Qué me está diciendo?

—¿Podría decirme el número Pi? —me pregunta un cliente. Se ve que yo en ese momento no estaba demasiado concentrada, o tal vez fue un impulso mecánico, pero la cuestión es que al oír número Pi, le respondí automáticamente, diciéndole la famosa serie 3,141592.
—¿Cómo?
—¿Qué?
—¿Qué me está diciendo?
—El número Pi. ¿No quería saberlo?
—Ah, no, no, no... Yo lo que quiero es el número de la tarjeta —dice el cliente.
Por supuesto, se estaba refiriendo al PIN.

110. Estoy en mi derecho

Teníamos una clienta, ya mayor, y un día vemos que entra en la oficina y se dirige directamente hacia el cuarto de baño de los empleados. Cuando le preguntamos adónde iba, nos respondió lo siguiente, enfurecida y convencida de sus palabras:

—Yo soy clienta de toda la vida de este banco y tenéis todo mi dinero, así que tengo derecho a ir al lavabo si quiero.

Con el fin de evitar una pelea, la dejamos pasar y entró, pero vaya poca vergüenza que tiene la gente.

111. El dichoso reloj

En cierta ocasión, tuvimos una campaña en la que debíamos vender, a toda costa, unos relojes muy especiales, de esos que tienen un botón por si te ocurre algo, de modo que simplemente al pulsarlo se contacta con Emergencias. Pues ahí estábamos los empleados al pie del cañón, como siempre, ofreciéndoselo a cualquiera que pudiera necesitarlo. Y así, un cliente me dio una respuesta que me dejó desarmada, sin ningún argumento con el que poder rebatirle:

—Yo tengo ya asumido que voy a morirme solo —me aseguró—, así que acabaré comido por los pajaritos en mi patio.

¡Madre mía! Qué mal cuerpo me dejó sólo de imaginarme tan desagradable escena, con los pájaros hambrientos dándole picotazos. ¡Y además teniendo en cuenta que estábamos en una zona de costa, donde abundaban las gaviotas! Aquello iba a ser peor que 'La matanza de Texas'.

112. ¡Menudo control!

—Buenos días, vengo a pasar el control de supervivencia —me dice un cliente, que al parecer se creía el mismísimo Bear Grylls, capaz de resistir en plena naturaleza.

Nosotros en el banco tenemos el llamado control de vivencia, por el que los clientes vienen una vez al año a la oficina, le damos al botón correspondiente y así indicamos que la persona en cuestión continúa con vida. Por supuesto, se refería a este sistema y no a sobrevivir a la intemperie, como si de un aventurero o de un concursante de *reality* se tratase.

113. Más que un director

Espero que esto os haga tanta gracia como a mí, sobre todo si sabéis que mi compañero le siguió el rollo a la clienta y continuó usando la misma palabra. ¡Ahora veréis!

—Perdone, quería hablar con el superdirector —le solicita una mujer a un compañero, que le responde muy amablemente.

—Claro que sí, señora. Ahora mismo le pido al superdirector que venga.

Y se fue a buscar al subdirector, muerto de la risa, al igual que todos los compañeros que lo habíamos escuchado. Desde ese momento, aún le duró varios días el mote al subdirector de la oficina, a quien no le hacía tanta gracia.

114. ¿Ese qué orden es?

Esto lo escuché en una de las colas que suelen formarse en caja, mientras varios clientes discutían, acusándose de haberse colado. Al verlo, intervino otra persona que dijo la siguiente frase, dándole así la razón a uno de los participantes en la riña:

—¡Yo lo he estado viendo y estaba usted ante primero! —exclamó con seguridad. A día de hoy, aún sigo preguntándome de dónde sacó ese término, pero al menos acabó con la disputa.

115. Listos para el baño

Tenía un cliente que venía y me preguntaba siempre por los fondos de inmersión. Se ve que como no lo corregía, pues él seguía usando dicha expresión. Cada vez que la escuchaba, yo siempre trataba de contener la risa y me lo imaginaba vestido de buzo, con su escafandra y todo, listo para sumergirse en las profundidades. En realidad si lo piensas, los fondos de inversión podrían compararse con los buscadores de tesoros, allá en el fondo del mar. ¡Al fin y al cabo, el objetivo es el mismo!

116. Otro tipo de tarjeta más

—Necesito una nueva tarjeta dóbito —me dice un cliente muy seriamente, por lo que procedo a dar respuesta a sus necesidades. Pero mientras tanto siempre pienso de dónde demonios se sacan esas palabrejas. ¡Si es que son más complicadas que la forma correcta y hasta más difíciles de pronunciar! Tal vez sería interesante escribir un diccionario de la banca, que incluya todos estos términos y expresiones que se usan a diario de forma popular. Seguro que nos libraría de más de un quebradero de cabeza.

117. El móvil de empresa

Hasta ahora no lo había mencionado, pero qué maravillosa es la vida desde que tengo mi móvil de empresa. ¿A vosotros también os llaman por las tardes, fuera del horario laboral? Y las tardes tienen un pase, pero… ¿Qué me decís de esos clientes que llaman, insistentemente además, los sábados y los domingos? ¿No saben que tenemos una vida más allá de la oficina? A mí lo cierto es que me alegran el día esas llamadas. Me ponen de un buen ánimo indescriptible.

118. Un televisor muy útil

Para contaros esta anécdota, voy a reproducir la conversación tal cual se produjo, para que podáis disfrutarla en su inmensa gloria. ¡No tiene desperdicio!

—Vengo a abrir 11 cuentas para mis hijos, para poder pedir sus becas —me indica una clienta.

—¿Ha venido el padre? Es necesario para poder abrirlas —la informé yo, dándole vueltas a la alta cifra mencionada, que me parecía una barbaridad.

—No, lo siento. Es que el padre está fuera trabajando y sólo viene a casa los fines de semana.

—Pues menos mal que únicamente os veis los fines de semana —le dije yo con una sonrisa—. De lo contrario, ya tendrías dos equipos de fútbol.

Y justo ahí, en ese momento, salieron a relucir mis dotes de buena comercial. ¡No lo pude evitar!

—Por cierto, ¿no querrías una televisión? —le pregunté—. Tenemos ahora una promoción muy buena, así no tendrías tantos niños.

Había que aprovechar el momento, porque la clienta tenía sólo 34 años, así que al paso que llevaba, no sé cuántos hijos iba a llegar a tener.

119. Y ahora un análisis

Llega un cliente, se sienta y lo primero que hace es poner sobre mi mesa un bote para un análisis de orina. Por suerte estaba vacío, pero estoy convencida de que si hubiese estado lleno, el cliente lo habría puesto igual, sin cortarse un pelo y sin que le importase lo más mínimo.

120. ¿Está segura?

Un día se me presenta una mujer que quería dar de baja su tarjeta porque, según decía, le habían hecho diferentes cargos de Google Play, por un importe que ascendía a los 300 euros. Al ver aquello, le pregunté y le insistí en el hecho de que muy posiblemente el responsable fuese su hijo, que podía estar comprando juegos. Por respuesta me dijo que no y puso la pertinente denuncia…

Unos dos meses más tarde, la mujer regresó a la oficina, con el mismo problema.

—Tiene que tratarse de su hijo —le dije—. De algún modo, le coge la tarjeta para comprar juegos.

—¡No, no, no! ¡Eso es imposible!

—Si quiere, para comprobarlo, venga con el móvil de su hijo y lo revisamos.

Siguiendo mis indicaciones, la señora hizo precisamente eso, y regresó al día siguiente con el teléfono de su hijo. Entonces me lo dio y me puse a trastear en los juegos que estaban instalados. De ese modo, entré en uno de ellos y en un momento dado el sistema me indicó lo siguiente: ¿Desea comprar vidas? Tras mostrárselo a la mujer, y teniendo su consentimiento, acepté la compra y automáticamente le cargaron 8 euros en la cuenta. ¡Se quedó blanca al ver aquello!

No me quiero ni imaginar qué fue de aquel niño cuando la madre lo tuviera delante, porque la señora soltaba de todo por la boca mientras se marchaba de la oficina, hecha una fiera.

121. No es nada del banco…

Esta anécdota le sucedió a una compañera y la he dejado para el colofón final, porque sin duda lo merece. Estaba trabajando en la oficina cuando un cliente se sentó en su mesa.

—Buenos días, ¿qué necesita? —le pregunta ella.

—Eh, mira… Verás… Es que… —balbuceaba el cliente, sin saber bien qué decir—. Necesito hablar contigo…

—Dígame… ¿Sobre qué asunto?

—No… Es que… Mira… No sé cómo decirte esto…

—Perdone, ¿me deja su DNI? —le pide mi compañera, sin saber cómo reaccionar.

—No, no… Si no es nada del banco… Vengo por otro motivo.

—Si no es del banco, lo lamento, pero yo tengo que seguir trabajando —añadió ella, realmente incómoda con la situación.

—Bueno, vale, pero por favor no vayas a gritar. Te pido por favor que no grites —dijo entonces el cliente.

—¿Cómo?

—Verás, es que habíamos pensado en ti —confiesa el tipo, armándose al fin de valor—. Lo que ocurre es que yo tengo una amiga, nos gustaría hacer un trío y te lo queríamos proponer por si te gustaría participar.

En ese momento, la cara de mi compañera era de auténtico horror, y por supuesto se puso a gritar en plena oficina:

—¡Pedazo de guarro! ¡Vete de aquí ahora mismo! ¿Cómo te atreves a venir aquí al trabajo a decirme eso? ¿Tú quién te has creído que eres…?

Completamente avergonzado, el cliente salió corriendo sin volver siquiera la mirada, mientras se formaba un gran revuelo en la sucursal, pues todos nos acercamos a mi compañera para ver qué le ocurría. ¡Ya era lo que le faltaba!

En estas 121 anécdotas, se demuestra que los empleados de banca son auténticos superhéroes.

¡Gracias por estar ahí, al servicio cada día de los clientes!

Biografía de la autora, en clave de humor (negro)

V. Morales nació en Andalucía en la década de los 80. Estudió Empresariales y entró en el sector de la banca hace ahora más de 15 años. En ese tiempo, éstos son sus principales datos:

- Ha trabajado en tres ciudades, pertenecientes a tres Comunidades Autónomas distintas.

- Ha formado parte de las plantillas de cuatro entidades financieras diferentes.

- A lo largo de los años, ha desempeñado su labor en un total de doce oficinas.

- Ha vivido dos crisis económicas de escala global.

- Ha sufrido tres fusiones de las entidades bancarias donde trabajaba.

- Dichas fusiones iban seguidas de los temidos Expedientes de Regulación de Empleo (ERE), de los que también ha sufrido tres.

- Por el camino, más de 15.000 compañeros abandonaron el trabajo con los ERE.

- Y como el personal era invitado a marcharse, cientos y cientos de oficinas han sido cerradas en estos años.

- Para soportar la presión y la ansiedad, en este tiempo estima que se habrá tomado más de 5000 lexatines.

- Desde que entró en la banca, nadie le quita su visita mensual al osteópata, con el fin de aliviar sus constantes contracturas musculares.

- En estos 15 años, ha sufrido dos accidentes de tráfico mientras iba de camino al trabajo.

- Tales siniestros le han dejado dos hernias discales como secuelas, que sufre a diario.

- Mientras trabajaba, hasta en ocho ocasiones ha oído amenazas de muerte serias.

- Al menos una vez en semana, algún cliente la llama inútil por no saber hacer bien su trabajo.

- De guarra para arriba, la llaman al menos una vez al mes, por motivos varios.

- En este tiempo, también ha sufrido un robo grave en su oficina.

- Con los recortes de la banca, se quedó sin cesta de Navidad hace más de 10 años y cree que no volverá a recuperarla.

- Resulta imposible calcular los años transcurridos sin que le hayan subido el sueldo.

- Eso sí, ha viajado nueve veces al Caribe para relajarse (pagado de su bolsillo, por supuesto).

Epílogo

Y ahora sí, hemos alcanzado el final del camino. Llega la hora de la despedida, pero no quiero que sea triste, sino todo lo contrario. Por eso os espero en Twitter, donde seguiré aportando mucho más contenido, para que os podáis echar unas buenas risas a mi costa.

Qué de recuerdos vienen ahora a mi mente, al pensar en la multitud de experiencias que os he contado. En ellas se resume toda una vida, la que he pasado en las oficinas de nuestra banca. Como os he demostrado, en mi puesto de trabajo no sólo he tenido que hacer de psicólogo y de detective, con el fin de enfrentarme a las más absurdas situaciones y experiencias que he vivido jamás.

Y quién sabe, pero tal vez volvamos a vernos en nuevos libros. He pensado que si este volumen gusta a los lectores, y os ayuda al menos a evadiros durante unos minutos de la realidad, es posible que me lance a escribir un nuevo tomo, con todo lo que me siga ocurriendo a partir de ahora.

Por eso, para mí es muy importante que escribas un comentario en Amazon, y ya te doy las gracias por adelantado por hacerlo. Eso me ayudará a conocer vuestras opiniones, con el fin de saber qué os parece el contenido que aquí aporto.

Del mismo modo, vuestras reseñas me servirán para darle difusión a esta obra y me infundirán ánimos para seguir recopilando nuevas anécdotas, así como para enfrentarme cada mañana a la dura realidad, de vuelta a la oficina para ocupar mi puesto de trabajo.

Pensando que estáis ahí al otro lado de este libro, todo se me hará más fácil y no me sentiré tan sola, sabiendo que, al igual que yo, muchos miles de empleados de banca se dirigen en esos momentos hacia su sucursal, sin saber lo que les traerá un nuevo día, ni los clientes a los que deberán enfrentarse. De igual forma, os envío también muchos ánimos, con toda mi fuerza y mi cariño, para que afrontéis cada jornada con una sonrisa, sin que os importe lo que entre por la puerta.

Os mando un fortísimo abrazo a todos vosotros, de parte de esta, nada más y nada menos, empleada de banca.

Únete a la comunidad tuitera...

Sígueme en Twitter:
@lalocabanquera

Correo electrónico:
lalocabanquera@gmail.com

www.ingramcontent.com/pod-product-compliance
Lightning Source LLC
Chambersburg PA
CBHW070249220526
45465CB00004B/1563